全 世 界 无 产 者 ， 联 合 起 来 ！

马克思

法兰西内战

中共中央 马克思　恩格斯
列　宁　斯大林 著作编译局编译

人民出版社

编 辑 说 明

　　马克思、恩格斯和列宁的著作是马克思主义的理论原典,是学习、研究、宣传和普及马克思主义的基础文献。为了适应马克思主义中国化、时代化、大众化不断推进的形势,满足广大读者多层次的需求,我们总结了迄今为止的编译经验,考察了国内外出版的有关读物,吸收了理论界提出的宝贵建议,精选马克思、恩格斯和列宁的重要著述,编成《马列主义经典作家文库》。

　　文库辑录的文献分为三个系列:一是著作单行本,收录经典作家撰写的独立成书的重要著作;二是专题选编本,收录经典作家集中论述有关问题的短篇著作和论著节选;三是要论摘编本,辑录经典作家对有关专题的论述,按逻辑结构进行编排。

　　文库编辑工作遵循面向实践、贴近群众的原则,力求在时代特色、学术质量、编排设计方面体现新的水准。

　　本系列是《马列主义经典作家文库》的著作单行本,主要收录马克思、恩格斯和列宁的基本著作以及在各个历史时期的代表性著作,同时收入马克思、恩格斯和列宁在不同时期为这些著作撰写的序言、导言或跋。有些重点著作还增设附录,收入对理解和研究经典著作正文有重要参考价值的文献和史料。列入著作单行本系列的文献一般都是全文刊行,只有马克思恩格斯的《德意志意识形态》、马克思的经济学手稿以及列宁的《哲学笔记》等篇幅较大的著作采用节选形式。

著作单行本系列所收的文献均采用马克思、恩格斯和列宁著作最新版本的译文,以确保经典著作译文的统一性和准确性。自1995年起,由我局编译的《马克思恩格斯全集》第二版陆续问世,迄今已出版24卷;从2004年起,我们又先后编译并出版了《马克思恩格斯文集》和《马克思恩格斯选集》第三版。著作单行本系列收录的马克思恩格斯著作采用了上述最新版本的译文,对未收入上述版本的马克思恩格斯著作的译文,我们按照最新版本的编译标准进行了审核和修订;列宁著作则采用由我局编译的《列宁全集》第二版、第二版增订版和《列宁选集》第三版修订版译文。

著作单行本系列采用统一的编辑体例。每本书正文前面均刊有《编者引言》,简要地综述相关著作的时代背景、理论观点和历史地位,帮助读者理解原著、把握要义;同时概括地介绍相关著作写作和流传情况以及中文译本的编译出版情况,供读者参考。正文后面均附有注释和人名索引,以便于读者查考和检索。

著作单行本系列的技术规格沿用《马克思恩格斯全集》第二版和《列宁全集》第二版的相关规定。在马克思、恩格斯、列宁著作的目录和正文中,凡标有星花*的标题都是编者加的;引文中的尖括号〈 〉内的文字和标点符号是马克思、恩格斯、列宁加的;未注明"编者注"的脚注,是马克思、恩格斯、列宁的原注;人名索引的条目按汉语拼音字母顺序排列。在马克思恩格斯著作中,引文里加圈点处是马克思、恩格斯加着重号的地方,目录和正文中方括号〔 〕内的文字是编者加的。在列宁著作中,凡注明"俄文版编者注"的脚注都是指《列宁全集》俄文第五版编者加的注,人名索引中的条头括号内用黑体字排印的是相关人物的真实姓名,未加黑体的则是笔名、别名、曾用名或绰号。此外,列宁著作标题下括号内的日期是编者加的;编者加的日期,公历和俄历并用时,俄历在前,公历在后。

中共中央 马克思　恩格斯 著作编译局
列　宁　斯大林
2014 年 6 月

目　录

插　　图

编　者　引　言

《法兰西内战。国际工人协会总委员会宣言》是马克思全面总结巴黎公社的战斗历程和历史经验，阐发马克思主义关于阶级斗争、国家、无产阶级革命和无产阶级专政学说的重要著作。

1870 年 7 月 19 日，法兰西第二帝国政府以西班牙王位继承权纠纷为借口向普鲁士宣战，普法战争爆发。这场战争是法国皇帝拿破仑第三与普鲁士宰相俾斯麦共同挑起的王朝战争。拿破仑第三企图通过战争摆脱政治危机，扼杀国内日益高涨的革命运动，并阻碍德意志的统一；俾斯麦则垂涎法国富饶的阿尔萨斯和洛林地区，希望通过战争削弱法国，由普鲁士统一德意志。1870 年 9 月 2 日，法军兵败色当，包括皇帝、元帅和 30 余名将军在内的法军主力沦为普鲁士军的俘虏。普军长驱直入，占领大片法国领土。9 月 4 日，巴黎爆发革命，推翻了第二帝国，建立了法兰西第三共和国。但是，资产阶级国防政府攫取了新生共和国的权力。1871 年 1 月 28 日，国防政府与普鲁士签订了《停战和巴黎投降协定》，解除了法国正规军的武装,以法国工人为主体的国民自卫军成为保卫首都巴黎、抗击外敌的唯一力量。2月16日,国防政府首脑梯也尔又与普鲁士草签了和约,企图以割让领土和巨额赔款为条件,换取普鲁士支持发动内战,解除巴黎工人的武装。

面对内外反动势力加紧勾结、步步紧逼的危急局面,1871年3月28日,巴黎工人举行起义,宣告成立巴黎公社。公社打碎了旧的资产阶级国家机器,建立了人类历史上第一个新型的无产阶级政权,同时没收逃亡资本家的企业交给工人管理,并颁布了一系列保护劳动者利益的法令。4月2日,逃往凡尔赛的梯也尔政府军队在普鲁士的援助下围攻巴黎。5月28日,巴黎公社在坚持了72天的英勇斗争之后,最终被内外反动势力扼杀,约2万名公社起义者遭到屠戮。公社失败后,反动政府采取了严厉的镇压措施,逮捕和流放了成千上万的革命者。

马克思密切关注法国阶级斗争形势和工人运动的发展,及时撰写了关于普法战争的两篇宣言和《法兰西内战》,为无产阶级的革命斗争指明方向。这些著作突出显示了马克思"惊人的才能,即在伟大历史事变还在我们眼前展开或者刚刚终结时,就能准确地把握住这些事变的性质、意义及其必然后果"(见本书第3页)。

1870年7月19日普法战争爆发的当天,马克思受国际工人协会总委员会委托,撰写了《国际工人协会总委员会关于普法战争的第一篇宣言》,指出这场战争是由拿破仑第三发动的侵略性战争,号召法国工人起来反对这场王朝战争,同时也告诫德国工人阶级,不要听任"目前这场战争失去其严格的防御性质而蜕变为反对法国人民的战争"(见本书第20页)。1870年9月9日,在巴黎革命推翻第二帝国、建立第三共和国之后不久,国际总委员会发表了马克思起草的第二篇宣言。马克思在宣言中号召工人阶级行动起来，为承认法兰西共和国和反对德国兼并阿尔萨斯和洛林而斗争；马克思还告诫法国工人不要在时机尚未成熟时举行起义，指出"在目前的危机中，当敌人几乎已经在敲巴黎城门的时候，一切推翻新政府的企图都将是绝望的蠢举"，希望法国工人"镇静而且坚决地利用共和国的自由所提供的机会，去加强他们自己阶级的组织。……去为法国的复兴和我们的共同事业即劳动解放的事业而斗争"（见本书第32页）。

尽管马克思认为发动无产阶级起义的时机尚未完全成熟，但是，当巴黎爆发起义、公社宣告成立之后，他仍然充分肯定巴黎无产阶级的历史主动性和自我牺牲精神，为出现新的革命形势欢欣鼓舞。公社一宣布成立，马克思就开始搜集和研究关于公社活动的各种材料。他和恩格斯不仅通过书信和文章广泛宣传巴黎无产阶级的革命精神和革命创举，驳斥凡尔赛反动势力和国际资产阶级对巴黎公社和国际工人协会的诽谤和攻击，而且同公社社员保持直接联系，为公社提供社会经济改革和军事技术等方面的建议（参看马克思1871年6月12日致爱德华·斯宾塞·比斯利的信，《马克思恩格斯文集》第10卷第357—359页）。在1871年3月28日国际工人协会总委员会会议上，马克思曾建议总委员会发表一篇告巴黎工人的宣言，指导巴黎工人的革命斗争。随着斗争形势的变化和公社革命活动的进展，马克思对这一伟大历史事件的本质特征和深远意义的认识不断深化。因此，他进一步建议国际工人协会总委员会发表一篇告全体会员的宣言，呼吁国际工人阶级行动起来，坚决支持巴黎公社的伟大壮举。受总委员会委托，马克思于1871年4月18日后着手起草这一宣言，一直持续到5月底。马克思先写了《法兰西内战》初稿和二稿（见本书第94—131页），从5月6日起开始定稿。1871年5月30日，即巴黎最后一个街垒陷落两天后，马克思不顾反动势力的威胁和迫害，向国际工人协会总委员宣读了《法兰西内战》的定稿文本，并获得一致通过。6月初，马克思又对这一宣言的第四部分的某些段落作了补充和加工。

在这部著作中，马克思用唯物史观分析了资产阶级国家政权的阶级本质，进一步阐述了无产阶级革命打碎旧的国家机器、代之以无产阶级专政的客观历史条件和必要性。马克思指出："现代工业的进步促使资本和劳动之间的阶级对立更为发展、扩大和深化。与此同步，国家政权在性质上也越来越变成了资本借以压迫劳动的全国政权，变成了为进行社会奴役而组织起来的社会力量，变成了阶级专制的机器"（见本书第57页）；因此，"工人阶级不能简单地掌握现成的国家机器，并运用它来达到自己的目的"；工人阶级必须把"窃据社会主人地位而不是为社会做公仆的政府权力打碎"（见本书第56、102页），"用他们自己的政府机器去代替统治阶级的国家机器、政府机器"（见本书第115页）。

马克思总结了巴黎公社这一新型无产阶级政权的经验，充分肯定巴黎公社作为真正民主的国家政权所采取的各项措施：公社代表和维护劳动群众的利益，由人民直接行使权力；公社的权力机构和人民代表由选举产生，对选民负责，并可随时撤换；公社废除了常备军，武装力量按民主原则组织；公社废除了官僚制度，代之以民主选举产生的、对选民负责的、受群众监督的公职人员；司法机关的官吏由选举出来的法官取代；所有公职人员领取相当于熟练工人的工资，等等。马克思指出，巴黎公社"实质上是工人阶级的政府,是生产者阶级同占有者阶级斗争的产物,是终于发现的可以使劳动在经济上获得解放的政治形式"(见本书第 63 页)。

马克思精辟地阐明了无产阶级革命的社会改造任务及其长期性和复杂性。他指出:"公社是想要消灭那种将多数人的劳动变为少数人的财富的阶级所有制。它是想要剥夺剥夺者。它是想要把现在主要用做奴役和剥削劳动的手段的生产资料,即土地和资本完全变成自由的和联合的劳动的工具,从而使个人所有制成为现实。"(见本书第 64 页)工人阶级知道,"为了谋求自己的解放,并同时创造出现代社会在本身经济因素作用下不可遏止地向其趋归的那种更高形式,他们必须经过长期的斗争,必须经过一系列将把环境和人都加以改造的历史过程"(见本书第 64 页)。

马克思还论述了无产阶级革命的同盟军问题,强调工人阶级与劳动农民及其他非无产阶级群众的联盟,是无产阶级取得胜利和建设没有剥削的新社会制度的重要条件。马克思着重指出,公社推行的政策符合农民的利益,只有工人阶级作为劳动农民利益的天然代表者,才能把农民从资本主义的奴役下解放出来并使他们的前途得到保障。正是在这个意义上,马克思高度评价"公社是法国社会的一切健全成分的真正代表,因而也就是真正的国民政府"(见本书第 67 页)。

马克思深刻地阐述了巴黎公社原则的科学内涵和伟大意义,同时指出:"即使公社被打败,斗争也只是推迟而已。公社的原则是永存的,是消灭不了的;这些原则将一再凸显出来,直到工人阶级获得解放。"(《卡·马克思关于巴黎公社的发言记录》,见《马克思恩格斯文集》第 3 卷第 607 页)

恩格斯在为《法兰西内战》1891 年德文版撰写的导言中,阐明了马克思对巴黎公社经验所作的总结的重大理论意义;进一步论述了巴黎公社的历史作用和失败原因,分析了布朗基派和蒲鲁东派对公社的影响;高度评价了公社公职人员由普选产生并可随时撤换、公职人员只领取相当于熟练工人的工资这两项措施,认为这是"防止国家和国家机关由社会公仆变为社会主人"的可靠办法;阐明了巴黎公社的无产阶级专政性质:"你们想知道无产阶级专政是什么样子吗?请看巴黎公社。这就是无产阶级专政。"(见本书第 16 页)

列宁高度重视巴黎公社的革命经验。他深入研究了马克思在《法兰西内战》等著作中围绕巴黎公社原则所作的重要论述,用来指导俄国革命,并在斗争实践中进一步丰富了科学社会主义理论。在《国家与革命》这部著作中,列宁指出:"公社就是无产阶级革命'终于发现的'可以使劳动在经济上获得解放的形式。……是无产阶级革命打碎资产阶级国家机器的第一次尝试和'终于发现的'、可以而且应该用来代替已被打碎的国家机器的政治形式。我们往下就会看到,俄国 1905 年革命和 1917 年革命在另一种环境和另一种条件下继续着公社的事业,证实着马克思这种天才的历史的分析。"(见《列宁选集》第 3 版修订版第 3 卷第 160 页)

《法兰西内战》是马克思用英文撰写的,最初于 1871 年 6 月 13 日前后在伦敦印成小册子,同年又出了第二版和第三版。在第二版中改动了几处正文,增加了《附录》的第二部分。1871—1872年,《法兰西内战》先后被译成德文、法文、俄文、意大利文、西班牙文、荷兰文等多种文字,在欧洲各国和美国的报刊上发表,同时还出版了单行本。1872 年在布鲁塞尔出版了根据英文第三版翻译的法文版,马克思校订了译文,作了大量修改,并重新翻译了某些段落。

1871年，《法兰西内战》由恩格斯译成德文出版。1876年，为了纪念巴黎公社五周年，再版了《法兰西内战》的德文本。1891年，为纪念巴黎公社二十周年，柏林《前进报》出版社出版了《法兰西内战》德文第三版（纪念版），恩格斯重新校订了译文，并为该版撰写了导言。同时，恩格斯把马克思写的国际工人协会总委员会关于普法战争的两篇宣言一并收入这一版。此后在《法兰西内战》的各种文字的单行本中，均收有这两篇宣言。

《法兰西内战》的第一个中译本由吴黎平、刘云（张闻天）翻译，1938年11月作为"马克思恩格斯丛书"第5种由延安解放社出版。1939年，上海海潮社又出版了郭和依据日文译本翻译的中译本，题为《巴黎公社》。

1961年5月，为纪念巴黎公社九十周年，人民出版社出版了中央编译局编译的《马克思恩格斯列宁斯大林论巴黎公社》，其中第一次收录了《法兰西内战》"初稿"和"二稿"两个草稿的全文。同年，人民出版社还根据该书出版了这部著作的单行本。1963年11月，人民出版社出版了中央编译局编译的《马克思恩格斯全集》中文第1版第17卷，我们依据英文原文对收入本卷的《法兰西内战》和两个草稿的译文进行了校订。1964年，人民出版社根据《全集》第17卷重新出版了《法兰西内战》的单行本，并在1964年、1970年多次再版。1972年，《马克思恩格斯选集》第1版第2卷收入了《法兰西内战》全文及两个草稿的摘录。1995年，这部著作的译文在经过修订以后又以同样的形式编入《马克思恩格斯选集》第2版第3卷。

从2004年起，在中央组织实施的马克思主义理论研究和建设工程中,我们对这部著作的译文再次进行了审核和修订,编入2009 年出版的十卷本《马克思恩格斯文集》第 3 卷,此后又编入2012 年出版的《马克思恩格斯选集》第 3 版第 3 卷。本书的正文和资料选自《马克思恩格斯选集》第 3 版第 3 卷。

卡·马克思

法兰西内战

国际工人协会总委员会宣言

THE

CIVIL WAR IN FRANCE.

ADDRESS

OF

THE GENERAL COUNCIL

OF THE

INTERNATIONAL WORKING-MEN'S

ASSOCIATION.

THIRD EDITION, REVISED.

Printed and Published for the Council by

EDWARD TRUELOVE, 256, HIGH HOLBORN.

1871.

Price Twopence.

《法兰西内战》英文第 3 版扉页

恩格斯写的 1891 年版导言[1]

要求再版国际总委员会的宣言《法兰西内战》并给它写一篇导言，这是我没有想到的。所以我在这里只能简略地谈一下最重要的几点。

在上面提到的这篇篇幅较大的著作前面，我加上了总委员会关于普法战争的两篇较短的宣言。首先是因为《内战》提到了第二篇宣言，而第二篇宣言如果没有第一篇宣言作参照，是不能完全弄明白的。其次是因为这两篇同为马克思所写的宣言，也和《内战》一样，突出地显示了作者在《路易·波拿巴的雾月十八日》①中已初次表现出的惊人的才能，即在伟大历史事变还在我们眼前展开或者刚刚终结时，就能准确地把握住这些事变的性质、意义及其必然后果。最后是因为我们在德国至今还忍受着马克思预言过的这些事变后果所带来的苦难。

第一篇宣言曾经预言，如果德国反对路易·波拿巴的防御战争蜕变为反对法国人民的掠夺战争，德国在所谓解放战争[2]之后所遭到的那一切不幸，将会变本加厉地重新落到它的头上。难道这个预言不是已经得到了证实？难道我们不是又经受了 20 年的俾

① 见《马克思恩格斯选集》第 3 版第 1 卷。——编者注

3

斯麦统治？对蛊惑者的迫害[3]不是换成了非常法[4]和对社会党人的迫害，警察不是专横如故，法律不是同过去不差分毫地遭到可怕的歪曲？

兼并阿尔萨斯和洛林就会"迫使法国投入俄国的怀抱"，并且在兼并之后，德国就得要么公开成为俄国的工具，要么在稍经喘息之后准备一场新的战争，而且是准备一场"种族战争，即反对联合起来的斯拉夫语种族和罗曼语种族的战争"。这一预言难道不是不差分毫地得到了证实？难道兼并法国的两省不是已迫使法国投入了俄国的怀抱？难道俾斯麦不是在整整20年内徒劳地巴结沙皇，为他效犬马之劳，其卑躬屈节不是甚于小小的普鲁士在成为"欧洲第一强国"以前常为"神圣俄国"卑恭效力之时？难道一场战争的达摩克利斯剑不是天天悬在我们的头上？这场战争在开始的第一天就会使各国君主间一切立有盟约的联盟烟消云散；这场战争除了可以肯定其结局是绝对无法肯定的以外，其余的什么都不能肯定；这场战争将是种族战争，它将使整个欧洲遭受1 500万或2 000万武装士兵的蹂躏；这场战争之所以还没有爆发，只是因为连最强的军事大国也为这场战争的最终结果绝对不能预知而感到畏惧。

所以，我们也就更应该使德国工人能够重新读到这两篇几乎已被人遗忘的、证明国际在1870年所采取的工人政策的远见性的光辉文件。

我关于这两篇宣言所说的话，对于《法兰西内战》也是同样适用的。5月28日，公社的最后一批战士在贝尔维尔一带的坡地由于寡不敌众而殉难。只过了两天，即在5月30日，马克思就向总委员会宣读了自己的著作。这一著作揭示了巴黎公社的历史意义,并且写得简洁有力而又那样尖锐鲜明,尤其是那样真实,是后来关于这个问题的全部浩繁文献都望尘莫及的。

法国从 1789 年起的经济发展和政治发展使巴黎在最近 50 年来形成了这样的局面:那里爆发的每一次革命都不能不带有某种无产阶级的性质,就是说,用鲜血换取了胜利的无产阶级,在胜利之后总是提出自己的要求。这些要求或多或少是含糊不清的,甚至是混乱的,这与巴黎工人每次达到的发展程度有关;但是,所有这些要求归根到底都是要消灭资本家和工人之间的阶级对立。至于这一点如何才能实现,的确谁也不知道。然而,这一要求本身,尽管还很不明确,可是对现存社会制度已经含有一种威胁;而且提出这个要求的工人们还拥有武装;因此,掌握国家大权的资产者的第一个信条就是解除工人的武装。于是,在每次工人赢得革命以后就产生新的斗争,其结果总是工人失败。

这种情形第一次发生于 1848 年。属于议会反对派[5]的自由派资产者举行了要求改革的宴会,目的是要实现一种能保证他们的政党取得统治地位的选举改革。[6]对政府进行的斗争日益迫使他们去求助于人民,于是他们不得不逐步让资产阶级和小资产阶级中的激进阶层和共和阶层走在前面。可是,这些阶层的背后是革命的工人,他们从 1830 年以来已经取得了比资产者,甚至比共和派所设想的要多得多的政治独立性。当政府和反对派之间的关系发生了危机的时候,工人们就打起了巷战;路易-菲力浦消失了,选举改革也同他一起消失了;代之而起的是共和国,而且胜利的工人们甚至把它宣布为"社会"共和国。至于这个社会共和国究竟是什么意思,谁也不清楚,就是工人们自己也不清楚。但是,他们现在已经拥有武装,已经成了国家里的一支力量。所以当政的资产阶级共和派一感到他们脚下的根基已经相当稳固的时候,他们的第一个目标就是解除工人的武装。事实果然如此。他们直接违背诺言,公开嘲弄工人并企图把失业者流放到边远省份去,逼得工人举行了 1848 年的六月起义[7]。政府早已处心积虑地为自己保证了压倒优势。工人们经过了五天英勇斗争,终于失败。接着,对手无寸铁的俘虏的血腥屠杀就开始了,这样的屠杀自那场导致了罗马共和国覆灭的内战以来还未曾见过。资产阶级第一次表明了,一旦无产阶级敢于作为一个具有自身利益和要求的单独阶级来同它相对抗,它会以何等疯狂的残暴手段来进行报复。然而,和资产阶级在 1871 年的狂暴比较起来,1848 年事件还只能算是一种儿戏。

惩罚接踵而来。如果说无产阶级还不能管理法国,那么资产阶级却已经再也不能管理法国了。至少当时不能,因为那时资产阶级大部分还是保皇主义的,并且分裂为三个王朝政党[8]和一个共和党。它的内部纷争,使得冒险家路易·波拿巴能把一切权力阵地,即军队、警察和行政机关尽行占据,并且在 1851 年 12 月 2 日把资产阶级的最后堡垒即国民议会也打碎了。第二帝国[9]开创了这样一种局面:由一帮政治冒险家和金融冒险家剥削法国,同时工业也发展起来,这种发展先前在路易-菲力浦的目光狭窄、畏缩不前的体制下,在只由大资产阶级中一小部分人独揽统治权的条件下,是完全不可能的。路易·波拿巴以在工人面前保护资产阶级并反过来在资产阶级面前也保护工人为借口,夺去了资本家手中的政权;而他的统治却便利了投机事业与工业活动,简言之,使整个资产阶级的经济繁荣与发财致富达到了前所未有的程度。不过,得到更大程度发展的还是贪污舞弊和普遍的盗窃,干这些事情的人麕集在皇帝宫廷周围,从繁荣所带来的财富中抽取巨额的红利。

但第二帝国是对法国沙文主义的召唤,它意味着要求恢复 1814 年失去的第一帝国的边疆,至少恢复第一共和国的边疆。法兰西帝国局限在旧帝国的疆界内,甚至局限在 1815 年又经削割的疆界内,从长远而论是不可能的事。因此必然要不时地进行战争并扩大疆土。而扩大疆土,再没有什么会像朝德国莱茵河左岸扩张那样强烈地吸引着法国沙文主义者了。莱茵河畔一平方英里,在他们眼中要比阿尔卑斯山区或其他任何地方的十平方英里宝贵得多。只要第二帝国存在,要求收回—— 一下子收回或是一块一块地收回——莱茵河左岸地区只不过是时间问题。这个时间随着 1866 年的普奥战争到来了。波拿巴在指望获得"领土报酬"方面既然吃了俾斯麦的亏,吃了他自己过分狡猾的观望政策的亏,除发动一场战争之外也就别无他法。这场战争在 1870 年爆发了,结果是把他推上了色当,随后又把他送到了威廉堡[10]。

必然的后果就是 1870 年 9 月 4 日的巴黎革命[11]。帝国像纸牌搭的房子一样倒塌了;共和国又重新宣告成立。但是敌人已站在大门口;帝国的那些军队不是被死死地围困于梅斯,就是在德国当了俘虏。在这种危急关头,人民允许前立法团的巴黎议员们组成了"国防政府"。由于这时所有能荷枪作战的巴黎人都为保卫国家而加入了国民自卫军并武装了起来,从而工人在国民自卫军中占了绝大多数,所以人民就更欣然地同意组成这样的政府。但是此后不久,几乎完全由资产者组成的政府和武装的无产阶级之间的对立就暴露出来了。10 月 31 日,有几个工人营攻下了市政厅,并且逮捕了一部分政府成员。可是,由于有人背叛,由于政府直接违背自己的诺言和几个小资产阶级营进行干涉,被捕者又被释放;而为了避免在遭受外敌围困的城内引发内战,人民仍然让原有的政府继续执政。

终于,备受饥饿折磨的巴黎在1871年1月28日投降了,但这是战争史上前所未有的光荣投降。炮台交出了,城墙上的武装解除了,战斗团和别动队交出了武器,被视为战俘。然而国民自卫军却保存了自己的枪械和大炮,只是同胜利者实行了停战。胜利者不敢耀武扬威开进巴黎;他们只敢占据巴黎的一个小角落,其中有一部分还是公园,而且这个角落也只被他们占了几天! 在这几天内,曾把巴黎围困了131天的胜利者们自己却处于巴黎武装工人的包围之中,这些工人机警地监视着,不让一个"普鲁士人"越出让给外国侵略者的那个角落的狭窄界限。巴黎的工人们竟使一支让全部帝国军队放下了武器的军队对他们那样敬畏。跑到这里来向革命策源地进行报复的普鲁士容克们,不得不正是在这个武装的革命面前恭恭敬敬地停下来,向它敬礼!

在战争期间,巴黎工人只限于要求坚决继续打仗。可是现在,巴黎投降了,和平了,[12]这时新的政府首脑梯也尔不能不看到,只要巴黎工人手里还有武器,有产阶级——大土地占有者和资本家——的统治就时刻处于危险之中。他要做的第一件事就是设法解除工人的武装。3月18日,他派了军队去夺取国民自卫军的大炮,这些大炮是在巴黎被围期间由公众捐款制造的。这个企图没有得逞;全巴黎像一个人一样奋起自卫,于是巴黎和盘踞在凡尔赛的法国政府之间的战争即告开始。3月26日,巴黎公社被选出,3月28日正式宣告成立。到这时为止执行着政府职能的国民自卫军中央委员会,把自己的全权交给了公社。而在此以前该委员会已经下令废除了声名狼藉的巴黎"风纪警察"。3月30日公社取消了征兵制和常备军,把一切能荷枪作战的公民都要参加的国民自卫军宣布为唯一的武装力量。公社免除了从 1870 年 10 月至次年 4 月的全部房租——把已付的租金转做以后的预付租金,并且停止变卖市立典押借贷处里所有的典押物品。同日又批准了选入公社的外国人为公社委员,因为"公社的旗帜是世界共和国的旗帜"①。4 月 1 日规定,公社公务人员(因而也包括公社委员本身)的薪金,不得超过 6 000 法郎(4 800 马克)。次日下令,宣布教会与国家分离,取消国家用于宗教事务的一切开支,并把一切教会财产转为国家财产;4 月 8 日又据此下令把一切宗教象征、神像、教义、祷告,总之,把"有关个人良心的一切",从学校中革除出去,②此命令逐步付诸实施。4 月 5 日,鉴于凡尔赛军队每天都枪杀被俘的公社战士,颁布了扣压人质的法令,可是这项法令始终没有贯彻执行。4 月 6 日,国民自卫军第 137 营把断头机拖了出来,在人民的欢呼声中当众烧毁。4 月 12 日,公社决定毁掉旺多姆广场上由拿破仑在 1809 年战争后用夺获的敌军大炮铸成的凯旋柱,因为它是沙文主义和民族仇恨的象征。这项决定是在 5 月 16 日执行的。4 月 16 日,公社下令,对被厂主停工的工厂进行登记,并制订计划:把这些工厂的原有工人联合成合作社以开工生产,同时还要把这些合作社组成一个大的联社。4 月 20 日,公社废止了面包工人的夜工,还取消了从第二帝国时起由警察局指派的最精于剥削工人之道的家伙们独家经营的职业介绍所;这种职业介绍所交由

---

① 引自公社选举委员会的报告,载于 1871 年 3 月 31 日《法兰西共和国公报》第 90 号。——编者注
② 指巴黎公社教育代表爱·瓦扬 1871 年 5 月 11 日发布的命令的内容,见 1871 年 5 月 12 日《法兰西共和国公报》第 132 号。——编者注

巴黎20个区的区政府接管。4月30日,公社下令封闭当铺,因为当铺是供私人用来剥削工人的,同工人占有自己的劳动工具的权利和进行借贷的权利相抵触。5月5日,公社决定拆毁专为处死路易十六赎罪而建筑的小教堂。

这样,从3月18日起,先前被抵抗外敌侵犯的斗争所遮蔽了的巴黎运动的阶级性质,便以尖锐而纯粹的形式显露出来了。因为公社委员几乎全都是工人或公认的工人代表,所以公社所通过的决议也都带有鲜明的无产阶级性质。这些决议,要么是规定实行共和派资产阶级只是由于怯懦才不敢实行的、然而却是工人阶级自由行动的必要前提的那些改革,例如实行宗教**对国家而言**纯属私事的原则;要么就是直接代表工人阶级的利益,有时还深深地触动了旧的社会制度。但是在一个被围困的城市内,实行这一切措施最多只能做出一个开端。从5月初起,全副力量都用到同不断增多的凡尔赛政府大军作战上去了。

4月7日,凡尔赛军队在巴黎西线夺取了讷伊近旁的塞纳河渡口;但是,4月11日,他们向南线进攻时却被埃德将军击退,伤亡惨重。巴黎遭到不停的炮击,而下令开炮的恰恰是曾经指斥普军炮击巴黎为亵渎圣地的人。就是这些人现在乞求普鲁士政府急速遣返在色当和梅斯被俘的法国士兵,好为他们去夺回巴黎。由于这批兵员陆续开到,凡尔赛军队从5月初起就占了决定性的优势。这种情况在4月23日已经表现出来了,这一天,梯也尔停止了根据公社提议开始进行的谈判,谈判的内容是用作为人质关在巴黎的巴黎大主教①及其他许多神父来交换两度当选为公社委

---

① 若·达尔布瓦。——编者注

员、但被关在克莱尔沃的布朗基一人。而在梯也尔改变了的说话口气中,这种情况表现得更加明显,他先前说话是慎重而含糊的,现在忽然变得蛮横无礼咄咄逼人了。在南线,凡尔赛军队于 5 月 3 日占据了穆兰-萨凯多面堡,9 日占据了已被炮火完全夷为平地的伊西堡,14 日占据了旺沃堡。在西线,他们陆续攻占城墙外的许多村庄和建筑物,一直推进到主墙的脚下;5 月 21 日,由于有人叛卖以及在那里驻防的国民自卫军疏忽大意,他们得以闯进城内。占据着北部和东部炮台的普鲁士军队,准许凡尔赛军队取道城市北部按照停战协定条款禁止他们进入的地带向前推进,从而使他们能够在这样一条广阔的战线上实行进攻。巴黎人想必认为这一地带有停战协定作为保障,因而防守不力。正因为如此,巴黎西半部即真正的富人区只进行了微弱的抵抗;闯入的敌军越接近东半部即真正的工人区,所遇到的抵抗就越激烈越顽强。只是在经过八天的战斗之后,最后一批公社捍卫者才在贝尔维尔和美尼尔芒坦的高地上倒下去,这时对赤手空拳的男女老幼已进行了一个星期的越来越疯狂的屠杀达到了顶点。用后装枪杀人已嫌不够快了,于是便用机关枪去成百上千地屠杀战败者。最后一次大屠杀是在拉雪兹神父墓地上的一堵墙近旁发生的,这堵"公社战士墙"至今还伫立在那里,作为无声的雄辩见证,说明一旦无产阶级敢于起来捍卫自己的权利,统治阶级的疯狂暴戾能达到何种程度。后来,当发觉不可能把一切人杀尽的时候,就开始了大逮捕,并从俘房群中任意拉出一些牺牲品来枪杀,其余的人则赶到大营房里去,让他们在那里等待军事法庭的审判。包围着巴黎东北部的普鲁士军队奉命不得让一个逃亡者通过,但是军官看见士兵对人道比对上司命令更加服从时,往往装做没看见。特别的荣誉应该归于萨克森军,它非常人道,放走了许多分明是公社战士的人。

———

如果我们今天在过了 20 年之后来回顾一下 1871 年巴黎公社的活动和历史意义,我们就会发觉,对《法兰西内战》中的叙述还应作一些补充。

公社委员分为多数和少数两派:多数派是布朗基派,他们在国民自卫军中央委员会里也占统治地位;少数派是国际工人协会[13]会员,他们多半是蒲鲁东派社会主义的信徒。那时,绝大多数的布朗基派不过凭着革命的无产阶级本能才是社会主义者;其中只有少数人通过熟悉德国科学社会主义的瓦扬,比较清楚地了解基本原理。因此可以理解,为什么公社在经济方面忽略了很多据我们现在看来是当时必须做的事情。最令人难解的,自然是公社把法兰西银行视为神圣,而在其大门外毕恭毕敬地伫立不前。这也是一个严重的政治错误。银行掌握在公社手中,这会比扣留一万个人质更有价值。这会迫使整个法国资产阶级对凡尔赛政府施加压力,要它同公社议和。但是,更令人惊讶的是,尽管如此,由布朗基派和蒲鲁东派组成的公社也做了很多正确的事情。不言而喻,对于公社在经济方面的各种法令,无论是值得称道还是不值得称道的方面,首先要由蒲鲁东派负责;而对于公社在政治方面的行动和失策,则要由布朗基派负责。正如笃信某种学说的人们掌权后通常会出现的情况一样,无论是蒲鲁东派或布朗基派,都做了恰恰与他们那一派的学说相反的事情,遭到历史的嘲弄。

蒲鲁东这个小农和手工业师傅的社会主义者,对联合简直是切齿痛恨的。他说:联合的坏处多于好处,它根本是无益的,甚至有害,因为它是束缚工人自由的锁链之一;它是十足的教条,无用而且累赘,既违反节省劳动的原则又同工人的自由相矛盾;它的缺点比优点发展得更快;与它相反,竞争、分工、私有财产才是经济力量。只是作为例外——蒲鲁东就是这样说的——即对于大工业和大企业,比如对于铁路来说,工人的联合才适用(见《革命的总观念》[14]第 3 篇)。

其实在 1871 年,甚至在巴黎这个手工艺品生产中心,大工业也已经不再是什么例外了,所以公社的最重要的法令,就规定要把大工业以至工场手工业组织起来,这种组织工作不但应该以每一工厂内工人的联合为基础,而且应该把所有这些合作社组成一个大的联社①;简言之,这种组织工作,正如马克思在《内战》中完全正确地指出的,归根到底必然要导致共产主义②,即导致与蒲鲁东学说正相反的方面。正因为如此,公社也是蒲鲁东派社会主义的坟墓。现在这个派别在法国工人中间已经绝迹了;目前在这里马克思的理论无可争议地占有统治地位,这种情形在"可能派"中间丝毫不亚于在"马克思派"中间。只有在"激进的"资产阶级中间还有蒲鲁东派存在。

布朗基派的情况也并不好些。他们是在密谋派别中培育出来的,是靠相应的严格纪律团结在一起的,他们认为,一批相对说来数目较少的意志坚决、组织良好的分子,在一定的有利时机不仅能够夺得政权,而且能够凭着一往无前的强大毅力保持政权,直到把人民群众吸引到革命方面并使之聚集在少数领袖周围。这首先就要把全部权力最严格地、独断地集中在新的革命政府手中。正是

①　参看本书第 9—10 页。——编者注
②　参看本书第 63—65 页。——编者注

13

由这些布朗基派占大多数的公社,在实际上是怎样做的呢?它在向外省的法国人发出的一切公告中,要求他们把法国的所有公社同巴黎联合起来,组成一个自由的联邦,一个第一次真正由国民自己建立的全国性组织。在此以前,中央集权政府进行压迫所凭借的力量是军队、政治警察、官僚机构。正是这支由拿破仑在1798年建立、后来每届新政府都乐于接过去用以反对自己敌人的力量,在一切地方都必须消除,就像在巴黎已经消除那样。

公社一开始想必就认识到,工人阶级一旦取得统治权,就不能继续运用旧的国家机器来进行管理;工人阶级为了不致失去刚刚争得的统治,一方面应当铲除全部旧的、一直被利用来反对工人阶级的压迫机器,另一方面还应当保证本身能够防范自己的代表和官吏,即宣布他们毫无例外地可以随时撤换。以往国家的特征是什么呢?社会为了维护共同的利益,最初通过简单的分工建立了一些特殊的机关。但是,随着时间的推移,这些机关——为首的是国家政权——为了追求自己的特殊利益,从社会的公仆变成了社会的主人。这样的例子不但在世袭君主国内可以看到,而且在民主共和国内也同样可以看到。正是在美国,同在任何其他国家中相比,"政治家们"都构成国民中一个更为特殊的更加富有权势的部分。在这个国家里,轮流执政的两大政党中的每一个政党,又是由这样一些人操纵的,这些人把政治变成一种生意,拿联邦国会和各州议会的议席来投机牟利,或是以替本党鼓动为生,在本党胜利后取得职位作为报酬。大家知道,美国人在最近30年来千方百计地想要摆脱这种已难忍受的桎梏,可是却在这个腐败的泥沼中越陷越深。正是在美国,我们可以最清楚地看到,本来只应为社会充当工具的国家政权怎样脱离社会而独立化。那里没有王朝,没有贵族,除了监视印第安人的少数士兵之外没有常备军,不存在拥有固定职位或享有年金的官僚。然而我们在那里却看到两大帮政治投机家,他们轮流执掌政权,以最肮脏的手段来达到最肮脏的目的,而国民却无力对付这两大政客集团,这些人表面上是替国民服务,实际上却是对国民进行统治和掠夺。

为了防止国家和国家机关由社会公仆变为社会主人——这种现象在至今所有的国家中都是不可避免的——公社采取了两个可靠的办法。第一,它把行政、司法和国民教育方面的一切职位交给由普选选出的人担任,而且规定选举者可以随时撤换被选举者。第二,它对所有公职人员,不论职位高低,都只付给跟其他工人同样的工资。公社所曾付过的最高薪金是 6 000 法郎。这样,即使公社没有另外给代表机构的代表签发限权委托书,也能可靠地防止人们去追求升官发财了。

这种打碎旧的国家政权而以新的真正民主的国家政权来代替的情形,《内战》第三章已经作了详细的描述。但是这里再一次简单扼要地谈谈这个问题还是有必要的,因为正是在德国,来自哲学的对国家的迷信,已经进入到资产阶级甚至很多工人的一般意识之中。按照哲学概念,国家是"观念的实现",或是译成了哲学语言的尘世的上帝王国,也就是永恒的真理和正义所借以实现或应当借以实现的场所。由此就产生了对国家以及一切同国家有关的事物的盲目崇拜。尤其是人们从小就习惯于认为,全社会的公共事务和公共利益只能像迄今为止那样,由国家和国家的地位优越的官吏来处理和维护,所以这种崇拜就更容易产生。人们以为,如果他们不再迷信世袭君主制而坚信民主共和制,那就已经是非常大胆地向前迈进了一步。实际上,国家无非是一个阶级镇压另一个阶级的机器,而且在这一点上民主共和国并不亚于君主国。国家再好也不过是在争取阶级统治的斗争中获胜的无产阶级所继承下来的一个祸害;胜利了的无产阶级也将同公社一样,不得不立即尽量除去这个祸害的最坏方面,直到在新的自由的社会条件下成长起来的一代有能力把这国家废物全部抛掉。

近来,社会民主党的庸人又是一听到无产阶级专政这个词就吓出一身冷汗。好吧,先生们,你们想知道无产阶级专政是什么样子吗?请看巴黎公社。这就是无产阶级专政。

弗·恩格斯

1891 年 3 月 18 日巴黎公社
20 周年纪念日于伦敦

弗·恩格斯写于 1891 年 3 月初—3 月 14 日

载于 1890 — 1891 年《新时代》杂志第 9 年卷第 2 册第 28 期

原文是德文

选自《马克思恩格斯选集》第 3 版第 3 卷第 43 — 56 页

国际工人协会总委员会关于
普法战争的第一篇宣言[15]

致国际工人协会欧洲和美国全体会员

在 1864 年 11 月的《国际工人协会成立宣言》中，我们曾经说过："工人阶级的解放既然要求工人们兄弟般的合作，那么在那种为追求罪恶目的而利用民族偏见并在掠夺战争中洒流人民鲜血和浪费人民财富的对外政策下，他们又怎么能完成这个伟大任务呢？"我们当时用这样的话描述了国际所主张的对外政策："……努力做到使私人关系间应该遵循的那种简单的道德和正义的准则，成为各民族之间的关系中的至高无上的准则。"①

路易·波拿巴利用法国的阶级斗争篡夺了政权，并且以不时进行的对外战争来延长其统治，无怪他一开始就把国际看做危险的敌人。在全民投票的前夕，他下令在巴黎、里昂、鲁昂、马赛、布雷斯特以及其他地方，即在法国全境搜捕国际工人协会[13]各个领导机构的成员，借口说国际是一个秘密团体，试图密谋暗杀他；这种借口之荒唐无稽，不久就由他自己的法官们揭穿了。[16]国际的法国各个支部的真正罪行究竟何在？就在于他们曾经公开地大声告

---

① 见《马克思恩格斯选集》第 3 版第 3 卷第 10—11 页。——编者注

诉法国人民:参加全民投票就等于投票赞成对内专制和对外战争。的确,正是由于他们的努力,在法国所有的大城市,所有的工业中心,工人阶级都一致起来反对全民投票。不幸,由于农村地区的极端愚昧无知,形势发生了逆转。欧洲各国的证券交易所、政府、统治阶级和报刊都欢庆全民投票的成功,认为这是法国皇帝对法国工人阶级的重大胜利。实际上这是个谋杀的信号,谋杀的对象已不是一个人,而是许多民族。

1870年7月的军事阴谋不过是1851年12月的政变[9]的修正版。初看起来,事情荒谬得很,全法国都不肯相信当真要发动战争。他们宁肯相信那位把内阁的好战言论斥为不过是交易所把戏的议员①。当7月15日立法团终于被正式告知要打仗的时候,全体反对派都拒绝批准初步费用,甚至梯也尔也斥此事为"可憎";巴黎所有独立的报纸都对此事进行了谴责,并且,说也奇怪,外省的报纸也与它们几乎采取一致行动。

与此同时,国际的巴黎会员也再次行动起来。在7月12日的《觉醒报》[17]上,他们发表了《告全世界各民族工人书》,现摘引几段如下:

"在保持欧洲均势和维护民族尊严的借口下,政治野心又在威胁世界和平了。法国、德国、西班牙的工人们! 把我们的呼声联合成为共同反对战争的怒吼吧!…… 争夺霸权的战争,或维护某一王朝利益的战争,在工人看来只能是荒谬绝伦的犯罪行为。我们渴望和平、劳动和自由,我们坚持反对那些自己不付血税却利用社会灾难来进行新的投机的人的黩武叫嚣!…… 德国弟兄们! 我们彼此分裂只会使专制制度在莱茵河两岸都获得完全胜利…… 全世界的工人们! 不管我们的共同努力在目前会产生怎

---

① 茹・法夫尔。——编者注

样的结果,我们这些不分国界的国际工人协会会员,代表法国工人向你们表示良好的祝愿和敬意,并保证忠于牢不可破的团结。"

在我们的巴黎支部发表这个宣言以后,接着法国各地也发出了许多同样的宣言,我们这里只能援引其中一篇。塞纳河畔讷伊支部在 7 月 22 日的《马赛曲报》[18]上发表的宣言中说:

"这次战争是正义的吗?不!这次战争是民族的吗?不!这只是王朝的战争。为了人道,为了民主,为了法国的真正利益,我们完全并坚决拥护国际反对战争的声明。"

这些抗议表达出了法国工人的真实情感。不久就发生一件奇事证明了这一点。原先在路易·波拿巴当总统的时候纠集起来的**十二月十日帮**换上了工人的衣服,受指使跑上了巴黎的大街去表演战争狂热[19],市郊的真正工人们当即出来举行了拥护和平的示威,声势异常浩大,以致警察局长皮埃特里觉得还是立即禁止任何街头政治活动为妙。他提出的借口是,忠诚的巴黎人民已经充分地宣泄了他们蕴藏已久的爱国情感与高涨的战争热情。

不管路易·波拿巴同普鲁士的战争进程如何,第二帝国的丧钟已经在巴黎敲响了。它以一场模仿丑剧开始,仍将以一场模仿丑剧告终。但是不应该忘记,正是欧洲各国政府和统治阶级使路易·波拿巴能够把**复辟帝国**的残酷笑剧表演了 18 年之久。

从德国方面来说,这次战争是防御性的战争。但是,究竟是谁把德国置于必须进行自卫的地位呢?是谁使路易·波拿巴能够对德国进行战争呢?正是**普鲁士**!是俾斯麦恰恰同这个路易·波拿巴暗中勾结,目的是要镇压普鲁士本国人民的反抗,并使霍亨索伦王朝吞并全德。假定萨多瓦之役[20]不是打胜而是打败了,法国军队就会以普鲁士盟友资格在德国到处横行。普鲁士在胜利之后，难道曾有过片刻想要以一个自由的德国去和一个被奴役的法国相对抗吗？恰恰相反。普鲁士细心保存了自己旧制度固有的一切妙处，另外又采纳了第二帝国的一切奸猾伎俩：它的真专制与假民主，它的政治面具与财政骗局，它的漂亮言辞与龌龊手腕。波拿巴体制以前只是在莱茵河的一岸称雄，如今在河的另一岸又出了个貌似一样的体制。在这种形势下，除了**战争**，还能有什么结果呢？

如果德国工人阶级听任目前这场战争失去其严格的防御性质而蜕变为反对法国人民的战争，那么无论胜利或失败，都同样要产生灾难性的后果。德国在它的所谓解放战争[2]之后所遭到的那一切不幸，将会变本加厉地重新落到它的头上。

然而，国际的原则在德国工人阶级中间传播非常广，扎根非常深，我们不必担心会发生这种悲惨的结局。法国工人的呼声已经在德国得到了反响。7月16日在不伦瑞克举行的工人群众大会宣布完全赞同巴黎宣言，唾弃对法国持民族对立态度的主张。会上通过的决议在结束语中是这样说的：

"我们反对一切战争，而首先反对的是王朝战争……我们为即将被迫参加一场无可避免的不幸的防御战争而深感悲痛；同时我们向德国全体工人阶级呼吁：一定要使这样一种巨大的社会灾难不再重演。为此，工人阶级必须争取让各国人民自己都有权决定战争与和平的问题，从而使他们成为自己命运的主人。"①

在开姆尼茨，代表5万萨克森工人的代表大会[21]一致通过了

---

① 《德国工人对国际宣言的答复》，载于1870年7月22日《马赛曲报》第153号。——编者注

如下的决议：

"我们以德国民主派的名义，特别是以参加社会民主党的工人的名义宣布，目前这场战争完全是王朝战争…… 我们高兴地握住法国工人们向我们伸出的兄弟之手…… 我们牢记国际工人协会的'**全世界无产者，联合起来！**'的口号，永远也不会忘记**世界各国**的工人都是我们的**朋友**，而**世界各国**的专制君主都是我们的**敌人**。"

国际的柏林支部也回答巴黎宣言说：

"我们全心全意地支持你们的抗议…… 我们庄严地宣誓：无论是军号的声音或大炮的轰鸣，无论是胜利或失败，都不能使我们背离我们为全世界工人联合起来而奋斗的共同事业。"

好极了！

在这场自杀性斗争的背景上，闪现着俄国的阴影。不祥的征兆是，目前的这场战争发出信号时，正赶上俄国政府刚刚建成它的具有战略意义的铁道线并且已经向普鲁特河方向集结军队。不论德国人在反对波拿巴侵略的防御战争中应该得到怎样的同情，只要他们容许普鲁士政府请求或者接受哥萨克的援助，那他们得到的同情就会立即失去。他们应该记得，德国在进行了反对拿破仑第一的解放战争以后，曾经有数十年之久匍匐跪倒在沙皇脚下。

英国工人阶级向法国工人和德国工人伸出了友谊的手。他们深信，不管当前这场可憎的战争进程如何，全世界工人阶级的联合终究会根绝一切战争。法国当局和德国当局把两国推入一场手足相残的争斗，而法国的工人和德国的工人却互通和平与友谊的信息。单是这一史无前例的伟大事实，就向人们展示出更加光明的未来。这个事实表明，同那个经济贫困和政治昏聩的旧社会相对立，正在诞生一个新社会，而这个新社会的国际原则将是**和平**，因为每一个民族都将有同一个统治者——**劳动**！

这个新社会的开路先锋就是国际工人协会[13]。

总 委 员 会：

罗伯特·阿普尔加思　　　　乔治·米尔纳

马丁·詹·布恩　　　　　　托马斯·莫特斯赫德

弗雷德里克·布拉德尼克　　查理·默里

考埃尔·斯特普尼　　　　　乔治·奥哲尔

约翰·黑尔斯　　　　　　　詹姆斯·帕涅尔

威廉·黑尔斯　　　　　　　普芬德

乔治·哈里斯　　　　　　　吕尔

弗里德里希·列斯纳　　　　约瑟夫·谢泼德

勒格廖利耶　　　　　　　　斯托尔

W.林特恩　　　　　　　　　施穆茨

捷维·莫里斯　　　　　　　威·唐森

通 讯 书 记：

欧仁·杜邦 ………………… 法国

卡尔·马克思 ……………… 德国

奥·赛拉叶 ………………… 比利时、荷兰和西班牙

海尔曼·荣克 ……………… 瑞士

乔万尼·波拉 ……………… 意大利

安东尼·扎比茨基 ………… 波兰

詹姆斯·科恩 ·················· 丹麦

约·格·埃卡留斯 ············· 美国

执行主席　本杰明·鲁克拉夫特

财务委员　约翰·韦斯顿

总　书　记　约翰·格奥尔格·埃卡留斯

1870 年 7 月 23 日于伦敦西中央区
海–霍耳博恩街 256 号

卡·马克思写于 1870 年 7 月
19—23 日

载于 1870 年 7 月 28 日《派尔-
麦尔新闻》第 1702 号

原文是英文

选自《马克思恩格斯选集》第 3 版
第 3 卷第 57—63 页

国际工人协会总委员会关于普法战争的第二篇宣言²²

致国际工人协会欧洲和美国全体会员

在我们7月23日发表的第一篇宣言中,我们说过:

"第二帝国⁹的丧钟已经在巴黎敲响了。它以一场模仿丑剧开始,仍将以一场模仿丑剧告终。但是不应该忘记,正是欧洲各国政府和统治阶级使路易·波拿巴能够把**复辟帝国**的残酷笑剧表演了18年之久。"①

这样,在军事行动实际开始以前,我们就已经把那个波拿巴泡沫当做过去的事物来对待了。

我们对第二帝国生命力的看法没有错,我们担心在德国方面"战争失去其严格的防御性质而蜕变为反对法国人民的战争"②,也没有错。从事实本身来看,防御性战争是到路易·波拿巴缴械、色当投降和巴黎宣告共和国成立时告终的。但是还在这些事件之前很久,当波拿巴军队腐朽透顶的情况刚一变得显而易见的时候,普鲁士军事上的幕后操纵者就决定要打一场征服战争了。不过在

---

① 见本书第19页。——编者注
② 见本书第20页。——编者注

他们的面前有一个讨厌的障碍,即**国王威廉自己在战争开始时发表的声明**。威廉在北德意志联邦²³国会上发表的御座演说中,曾庄严地宣称,他是同法国皇帝作战,不是同法国人民作战。8 月 11日,他曾发布告法兰西民族书,其中说道①:

> "拿破仑皇帝在陆上和海上向昨天和今天一直都愿意同法国人民和平相处的德意志民族发动了进攻;**为了打退他的进攻**,我负起了指挥德国军队的责任,而现在**战局驱使我越过了法国的国界**。"

威廉并不满足于宣称他只是"**为了打退进攻**"才负起指挥德国军队的责任,以此来表白战争的防御性质,他又补充说,他只是在"战局驱使"下才越过了法国的国界。自然,防御战争并不排除"战局"所要求的进攻行动。

可见,这位虔诚的国王曾向法国和全世界保证他所进行的是严格意义的防御战争。怎样才能使他摆脱这一庄严保证的约束呢?导演这出戏的人们便不得不把事情弄成这样:仿佛威廉是违心地顺从了德意志民族的不可抗拒的要求。他们立刻将此意暗示给了德国自由资产阶级以及他们那帮教授、资本家、市议员和新闻记者。这个在 1846—1870 年争取公民自由的斗争中表现得空前犹豫、无能和怯懦的资产阶级,看到要在欧洲舞台上扮演凶猛吼叫的德国爱国之狮的角色,当然是欣喜若狂。它再次要求它的公民独立自主的权利,摆出一副逼迫普鲁士政府的样子。逼迫政府干

---

① 在马克思翻译并于 1870 年以单行本刊印的德文本中删去了这句话和以下的引文,接下来一直到"他们立刻将此意暗示给了……市议员和新闻记者"这一段的文字也有所删节。以下引文引自威廉一世《告法兰西民族书。1870 年 8 月 11 日》,载于 1870 年 8 月 12 日《科隆日报》第 222 号。——编者注

什么呢？逼迫政府接受政府自己的秘密计划。它深切忏悔不该那样长久地、几乎像信奉宗教一样地深信路易·波拿巴永无谬误，因此它大声疾呼要求肢解法兰西共和国。让我们略微听一听这些爱国勇士们所用的独特论据吧。

他们不敢公然说阿尔萨斯和洛林的居民渴望投入德国怀抱。恰恰相反。为了惩罚这些居民对法国的爱国情感，斯特拉斯堡（一个有一座居高临下的独立要塞的城市）被"德意志的"爆炸弹野蛮地滥轰了六天之久，城市被焚毁，大批赤手空拳的居民被杀害！当然啦！这两省的领土先前有个时候曾经隶属于早已寿终正寝的德意志帝国。因此，这块领土连同它所有的居民，看来应该当做德国不可剥夺的财产加以没收。如果依照古玩鉴赏家的想法恢复昔日欧洲的地图，那就千万不要忘记，先前勃兰登堡选帝侯曾以普鲁士领主身份做过波兰共和国的藩臣[24]。

但是，更有心计的爱国者们要求占有阿尔萨斯和洛林德语区的理由是，此乃防止法国侵略的"物质保证"。因为这种卑鄙的口实曾把许多头脑迟钝的人弄得糊里糊涂，我们认为有责任比较详细地谈谈这一点。

毫无疑义，阿尔萨斯的一般地势（和莱茵河对岸相比而言），加上约在巴塞尔和盖默斯海姆之间的半路上有斯特拉斯堡这样一个筑垒大城市，这就使法国入侵南德意志十分容易，而从南德意志入侵法国就特别困难。同样毫无疑义，阿尔萨斯和洛林德语区并入德国，会大大加强南德意志的边防，因为那时南德意志将能够控制全部孚日山脉和作为北面关隘屏障的各个要塞。如果梅斯也被并入，当然，法国两个主要的对德作战基地一时就都失掉了，但是这并不能阻止它在南锡或凡尔登建立新的基地。德国有科布伦茨、美因茨、盖默斯海姆、拉施塔特和乌尔姆等,这些基地都是用于对法国作战的,并且在这次战争中都曾被充分地加以利用。如果德国连法国在这一地带仅有的两个还算是有价值的要塞——斯特拉斯堡和梅斯——都不肯给它留下,那还有什么公平可言?况且,斯特拉斯堡只有在南德意志成为与北德意志分离的势力时,才能使南德意志受到威胁。从1792年到1795年,南德意志一次也没有从这方面受到侵犯,因为普鲁士当时参加了反对法国革命的战争;但是,当普鲁士于1795年缔结了单独和约²⁵而把南方置之不顾的时候,南德意志立即受到以斯特拉斯堡为基地的侵犯,并且一直继续到1809年。实际上,统一的德国任何时候都能够使斯特拉斯堡以及驻在阿尔萨斯的任何法国军队无以为害,办法是:把自己的全部军队集中在萨尔路易和兰道之间——在这次战争中就是这样做的——并沿美因茨到梅斯的交通线进攻或应战。只要德国的大部军队驻扎在那里,那么从斯特拉斯堡向南德意志进犯的任何法国军队,都有被从侧翼包围和被切断交通线的危险。如果最近这次战争证明了什么东西的话,那就是证明了从德国向法国进攻较为容易。

但是,老实说,把军事上的考虑当成决定国界的原则,岂不完全是一件蠢事和时代错乱吗?如果按照这条规则行事,那么奥地利就仍然有权要求取得威尼斯,要求取得明乔河一线;而法国就仍然有权为保护巴黎而要求取得莱茵河一线,因为巴黎从东北受到进攻的危险,无疑比柏林从西南受到进攻的危险要大。如果国界按军事利益来决定,那么这种要求就会没完没了,因为任何一条军事分界线都必然有其缺点,都可能用再兼并一些邻近地区的办法加以改善;并且这种国界永远也无法最终地和公允地划定,因为每一次总是战胜者强迫战败者接受自己的条件,从而播下新战争的种子。

全部历史的教训就是这样。就各民族来说和就个人来说都是如此。为了剥夺对方的进攻能力,就必须剥夺对方的防御手段。不但要勒住对方的喉咙,而且要杀死对方。如果说过去有哪个战胜者曾经获取"物质保证"用以摧毁一个民族的力量的话,那就是拿破仑第一,他缔结了蒂尔西特和约**26**,并利用这个和约来宰割普鲁士以及德国其余部分。然而,几年之后,他那赫赫威势就像一根腐烂的芦苇似的被德国人民摧毁了。普鲁士现在在它最狂妄的幻想中能够或者敢于向法国索取的"物质保证",难道能够和拿破仑第一曾从德国本身索取过的相比吗?结果也会是同样悲惨的。历史将来给予报应的时候,决不会是看你从法国割去了多少平方英里的土地,而是看你在 19 世纪下半叶重新推行**掠夺政策**的这种罪恶有多大!

条顿族的爱国喉舌们会说:但是你们不应该把德国人同法国人混为一谈呀。**我们**所要的不是荣誉,而是安全。德国人本质上是爱好和平的民族。在他们清醒的监护下,甚至掠夺行为也从未来战争的原因变成了永久和平的保证。1792 年为了用刺刀镇压18 世纪革命这一崇高目的而侵入法国的当然不是德国人呀!由于奴役意大利、压迫匈牙利和瓜分波兰而染污了双手的也不是德国人呀!在德国现行军事制度下,所有成年男子被分成现役常备军和归休常备军两部分,这两部分都必须绝对服从自己的天赐长上。这样的军事制度当然是维护和平的"物质保证",并且是文明的最终目的!在德国,也如在任何其他地方一样,有权势者的走卒总是用虚伪的自我吹嘘毒化社会舆论。

这帮德国爱国志士一看到法国的梅斯和斯特拉斯堡这两个要塞就装出气愤的样子,但是对于俄国在华沙、莫德林、伊万城等处修筑庞大的防御工事体系,他们却不认为有什么不好。他们在波拿巴入侵带来的恐怖景象面前周身发抖,而他们对于受俄皇监护的耻辱却若无其事。

在1865年,路易·波拿巴和俾斯麦曾相互作出保证,同样,在1870年,哥尔查科夫也和俾斯麦相互作出保证。**27** 从前,路易·波拿巴曾自鸣得意地认为1866年的战争将使奥地利和普鲁士都精疲力竭,因而使他成为德国的最高主宰,同样,现在亚历山大也自鸣得意地认为1870年的战争将使德国和法国都精疲力竭,因而使他成为西欧大陆的最高主宰。当年第二帝国认为自己不能与北德意志联邦并存,如今专制的俄国也定会认为普鲁士领导的德意志帝国对它是一个威胁。这原是旧的政治制度的规律。在这个旧制度范围内,一国之所得即是他国之所失。沙皇能对欧洲发生极大的影响,是由于他对德国有传统的控制力。当俄国内部的那些火山似的社会力量有可能动摇专制制度最深固的根基时,难道沙皇能容许丧失他的这种国外威势吗?俄国的报纸已经用波拿巴的报纸在1866年战争结束后所用的口气说话了。难道条顿族的爱国志士真的以为他们迫使法国投入俄国的怀抱,就可以保证德国获得自由与和平①吗?如果德国在军事上的侥幸、胜利后的骄横以及王朝的阴谋驱使下要去宰割法国,那么它就只有两条路可走。它必须不顾一切后果,**公开**充当俄国扩张政策的工具②,或者是稍

---

① 在1870年德文版中,在"自由与和平"的前面加有"独立"。——编者注
② 在1870年德文版中加有"这符合霍亨索伦王朝的传统"。——编者注

经喘息之后重新开始准备进行另一次"防御"战争,但不是进行那种新发明的"局部"战争,而是进行**种族战争**,即反对联合起来的斯拉夫语种族和罗曼语种族的战争①。

德国工人阶级坚决支持了它所无力阻止的这场战争,把这看做是争取德国独立、争取法国和全欧洲从第二帝国这个可恶的梦魇的羁绊下解放出来的战争。正是德国的产业工人和农业劳动者一起,撇下了半饥半饱的家庭而组成了英勇的军队的骨干。他们在国外战场上有许多人战死,而回国后还要有许多人穷死饿死②。所以他们现在也要求得到"保证"——保证使他们付出的无数牺牲不致白费,使他们获得自由,使他们对波拿巴军队的胜利不会像1815年那样变成德国人民的失败**28**。而他们所要求的第一个这样的保证,就是**给法国以光荣的和平并承认法兰西共和国**。

德国社会民主工党中央委员会在9月5日发表了一个宣言,坚决要求这些保证。宣言说:

"我们抗议兼并阿尔萨斯和洛林。我们了解我们是代表德国工人阶级说话的。为了法国和德国的共同利益,为了和平和自由的利益,为了西方文明战胜东方野蛮的利益,德国工人决不能容忍兼并阿尔萨斯和洛林…… 我们将忠实地同我们的全世界工人同志们站在一起,为无产阶级共同的国际事业而奋斗!"③

---

① 在1870年德文版中加有"这就是昏聩的资产阶级爱国者为德国'保证'的和平前景"。——编者注

② 在1870年德文版中加有:"而爱国主义的空谈家会安慰他们说,资本无祖国,而工资是由**非爱国主义的国际性的**供求规律来调节的。因此,难道工人阶级现在还不应该表示自己的态度,不再让资产阶级老爷们**用工人阶级的名义**来讲话?"——编者注

③ 《社会民主工党委员会宣言。致全体德国工人!》,载于1870年9月11日《人民国家报》第73号。——编者注

遗憾的是,我们不能指望他们马上获得成功。既然法国工人在和平时期尚且不能制止住侵略者,那么德国工人在军事狂热时期又怎么会有更多的希望制止住胜利者呢?德国工人的宣言要求把路易·波拿巴当做普通罪犯引渡给法兰西共和国。他们的统治者却已在竭力设法重新把他扶上土伊勒里宫的宝座,认为他是能葬送法国的最佳人选。可是无论如何,历史会证明,德国工人决不是像德国资产阶级那样由柔软的材料制成的。他们一定会尽到自己的责任。

我们像他们一样为法国建立共和国而欢呼,但是同时我们感到不安,我们唯愿这种不安是无根据的。这个共和国并没有推翻王权,而只是占据了它空出来的位子①。它不是作为社会的胜利,而是作为民族的防御措施宣告成立的。它掌握在一个临时政府手中;组成这个政府的,一部分人是声名狼藉的奥尔良党人[8],一部分人是资产阶级共和党人,而后者中间某些人的身上又在1848年六月起义[7]时期留下了洗不掉的污点。这个政府的成员之间的职务分配情形是不妙的。奥尔良党人夺取了军队和警察这样一些重要据点,而自称共和党的人分到的则是那些说空话的部门。这个政府采取的最初几个步骤已经很清楚地表明,这个政府不只是从帝国那里继承了一大堆残砖断瓦,而且还继承了它对工人阶级的恐惧。如果说现在他们说了许多大话,以共和国的名义要求去做终归是不可能做到的事情,那么其目的不是为了组建"可能存在的"政府而掀起一场喧嚣吗?这个共和国在它的某些资产阶级管理者的眼中,不是仅仅应当成为奥尔良王朝复辟的跳板和桥梁吗?

---

① 在1870年德文版中是"它在德国刺刀之下空出来的位子"。——编者注

由此可见,法国工人阶级正处于极困难的境地。在目前的危机中,当敌人几乎已经在敲巴黎城门的时候,一切推翻新政府的企图都将是绝望的蠢举。法国工人应该履行自己的公民职责①,但同时他们不应当为民族历史上的1792年所迷惑,就像法国农民曾经为民族历史上的第一帝国所欺骗那样。他们不应当重复过去,而应当建设未来。唯愿他们镇静而且坚决地利用共和国的自由所提供的机会,去加强他们自己阶级的组织。这将赋予他们以海格立斯般的新力量,去为法国的复兴和我们的共同事业即劳动解放的事业而斗争。共和国的命运要靠他们的力量和智慧来决定。

英国工人已经采取了一些步骤,以求用外部的有效压力来强迫他们的政府改变不愿承认法兰西共和国的态度。[29]英国政府现在迟迟不决,大概是想以此为反雅各宾战争,为自己过去承认政变时所表现的不体面的草率态度弥补过失吧。[30]此外,英国工人要求他们的政府用一切力量反对肢解法国,而这种肢解是一部分英国报刊公然无耻地要求的②。正是这部分报刊曾在整整20年内把路易·波拿巴崇奉为欧洲的救主,并且欢欣若狂地赞扬了美国奴隶主的叛乱。现在,它们也像那时一样,为奴隶主的利益卖力。

每一个国家的**国际工人协会**[13]支部都应当号召工人阶级行动起来。如果工人们忘记自己的职责,如果他们采取消极态度,那么现在这场可怕的战争就只不过是将来的更可怕的国际战争的序幕,并且会在每一国家内使刀剑、土地和资本的主人又一次获得对

---

① 在1870年德文版中,在"职责"的后面加有"他们也正是这样做的"。——编者注

② 在1870年德文版中此句的结尾是"而英国部分报刊要求这种肢解的叫嚷并不低于德国的爱国者"。——编者注

工人的胜利。

共和国万岁！

总 委 员 会：

罗伯特·阿普尔加思	马丁·詹·布恩
弗雷德里克·布拉德已克	凯希尔
约翰·黑尔斯	威·黑尔斯
乔治·哈里斯	弗里德里希·列斯纳
洛帕廷	本·鲁克拉夫特
乔治·米尔纳	托马斯·莫特斯赫德
查理·默里	乔治·奥哲尔
詹姆斯·帕涅尔	普芬德
吕尔	约瑟夫·谢泼德
考埃尔·斯特普尼	斯托尔
施穆茨	

通 讯 书 记：

欧仁·杜邦	……………………	法国
卡尔·马克思	……………………	德国和俄国
奥·赛拉叶	……………………	比利时、荷兰和西班牙
海尔曼·荣克	……………………	瑞士
乔万尼·波拉	……………………	意大利
捷维·莫里斯	……………………	匈牙利

安东尼·扎比茨基 …………… 波兰

詹姆斯·科恩 ……………… 丹麦

约·格·埃卡留斯 ………… 美国

执行主席　威廉·唐森

财务委员　约翰·韦斯顿

总　书　记　约翰·格奥尔格·埃卡留斯

1870 年 9 月 9 日于伦敦西中央区

海-霍耳博恩街 256 号

卡·马克思写于 1870 年 9 月
6—9 日

1870 年 9 月 11—13 日用英文
以传单形式印发

原文是英文

选自《马克思恩格斯选集》第 3 版
第 3 卷第 64—74 页

法兰西内战

国际工人协会总委员会宣言

致协会欧洲和美国全体会员

一

1870 年 9 月 4 日,当巴黎工人宣告成立共和国而几乎立刻受到法兰西举国一致欢呼的时候,有一伙钻营禄位的律师——梯也尔是他们的政治家,特罗胥是他们的将军——占据了市政厅。那时他们的头脑里充满着这样一种迷信,即巴黎在一切历史危机时期负有代表全法国的使命,所以他们以为只要出示他们业已失效的巴黎议员证书,就足以使他们僭取到的法兰西统治者头衔合法化。在这伙人上台五天以后,我们在关于最近这场战争的第二篇宣言中已经向你们说明他们究竟是些什么人了①。但是,当时巴黎处在措手不及的混乱状态下,工人阶级的真正领袖们还关在波拿巴的监狱里,而普鲁士军队又已经向巴黎开来,所以巴黎容忍了

---

① 见本书第 31 页。——编者注

这些人掌握政权,不过附有一个明确的条件,就是他们只能为国防的目的运用这个政权。然而要保卫巴黎,就不能不武装它的工人阶级,把他们组织成为一支有战斗力的军事力量,并且就在战争中锻炼他们的队伍。可是,武装巴黎无异是武装革命。巴黎战胜普鲁士侵略者,无异是法国工人战胜法国资本家及其国家寄生虫。国防政府在民族义务和阶级利益之间的这一冲突中,没有片刻的犹豫便把自己变成了卖国政府。

他们所采取的第一个步骤,就是派梯也尔遍访欧洲各国宫廷,以把共和国换成王国为条件,乞求调解。巴黎被围四个月以后,他们就认为开始谈论投降的适当时机已经到来了,那时特罗胥在一次有茹尔·法夫尔及其他同僚在场的场合,向聚会的巴黎区长们讲了如下一席话:

"我的同僚们在 9 月 4 日当晚向我提出的第一个问题就是:巴黎究竟有没有可能经受住普鲁士军队的围困?我当时毫不迟疑地作了否定的答复。现在在座的同僚中,有几位会证明我说的是实话,并且会同意我坚持这个看法。我那时对他们就是这样说的:在目前的情况下,巴黎想要经受住普鲁士军队的围困,那将是一件蠢举。当然,我当时加了一句:这可能是一件英勇的蠢举,但终究不过是蠢举而已……事变的发展〈由他自己策划的〉并没有推翻我的预见。"①

特罗胥的这篇美妙而简短的演讲词,后来由当时在场的一位区长科尔邦先生公布了。

可见,还在共和国宣告成立的当天晚上,特罗胥的同僚已经知道他的"计划"就是使巴黎投降。如果国防真的不仅仅是梯也尔

---

① 《巴黎每日要闻》,载于 1871 年 3 月 19 日《费加罗报》第 74 号。——编者注

和法夫尔之流图谋私人统治地位的幌子,那么9月4日一步登天的那些人在9月5日就应该引退,把特罗胥的"计划"告诉巴黎人民,让他们要么立即投降,要么自己掌握自己的命运。那些无耻的骗子并没有这样做,而是决定要让巴黎饱尝饥饿和残杀的痛苦,借以治好巴黎爱干英勇蠢举的毛病,同时用一些冠冕堂皇的宣言来欺蒙它,说特罗胥这个"巴黎总督是永远不会投降的"①,外交部长茹尔·法夫尔"决不会让出我们的一寸领土,决不会让出我们碉堡上的一块石头"。而这同一个茹尔·法夫尔在给甘必大的一封信中却承认说,他们"防御"的不是普鲁士的士兵,而是巴黎的工人。被特罗胥十分高明地委以巴黎军权的那些波拿巴匪徒们,在整个巴黎被围期间,在他们自己人相互的通信里,用粗鄙的语言对他们深知内幕的这种滑稽防御大加嘲笑(见公社《公报》**31**上公布的巴黎卫戍军炮兵司令、荣誉军团大十字勋章获得者阿尔丰斯·西蒙·吉奥写给炮兵师将军苏桑的信)。到1871年1月28日**32**,骗子们终于丢开了假面具。国防政府投降了,它视极度的自甘屈辱为真正的英雄行为,变成了由俾斯麦的俘虏组成的法国政府——这样一个屈辱的角色,甚至连路易·波拿巴在色当时都未敢承当。这批投降派**33**在三月十八日事变以后仓皇逃往凡尔赛,把足以证明他们的卖国勾当的一些文件遗落在巴黎手中。正如公社在致外省的宣言中所指出的那样,为了销毁这些文件,

---

① 路·茹·特罗胥《告巴黎市民书。1871年1月6日于巴黎》,载于1871年1月7日《法兰西共和国公报》第7号。——编者注

"这些人不惜把巴黎变为淹没在血海中的一堆瓦砾"①。

国防政府的一些主要成员之所以一心要造成这样的结局,还有一些极特殊的个人原因。

在停战协定签订以后不久,国民议会的一位巴黎议员米里哀尔先生(现在已经被茹尔·法夫尔专门下令枪毙了)公布过许多确凿的法律文件②,证明茹尔·法夫尔在与一个逗留在阿尔及尔的酒徒的妻子姘居时,前后若干年间大胆地拼凑伪造了一套文据,以他的私生子女的名义谋得了一大笔遗产,因而变成了一个财主;后来在合法继承人提出诉讼时,只是由于波拿巴的法庭偏袒他,他才没有被揭穿。既然无论花多大力气进行诡辩也抹杀不了这些无可辩驳的法律文件,于是茹尔·法夫尔就生平第一次不开口,静待国内战争爆发,准备到那时候大骂巴黎人民是一帮擅敢反叛家庭、宗教、秩序和财产的逃犯。正是这个伪造文据犯在9月4日后刚一掌权,就出于同情而立即释放了皮克和塔伊费,这两个人是在帝国时代就在《旗帜报》丑闻**34**中因伪造文件而被判了罪的。这两位先生中的一位,即塔伊费,竟敢在公社时期回到巴黎,公社立即又把他送回了监狱。而这个时候,茹尔·法夫尔却在国民议会讲坛上大声喊叫:巴黎正在释放一切囚犯!

厄内斯特·皮卡尔,国防政府中的这位约·密勒③,在帝国时代曾钻营内务大臣职位而没有成功,现在自封为共和国的财政部

---

① 《宣言》,载于1871年4月28日《复仇者报》第30号。——编者注
② 让·巴·米里哀尔《作假者》,载于1871年2月8日《复仇者报》第6号。——编者注
③ 在1871年和1891年的德文版中不是"约·密勒",而是"卡尔·福格特",在1871年法文版中是"福斯泰夫"。——编者注

长。他是一个叫做阿尔图尔·皮卡尔的人的哥哥。那个阿尔图尔·皮卡尔曾因诈骗而被逐出巴黎交易所（见 1867 年 7 月 31 日巴黎警察局的报告），并且因在任动产信用公司[35]的一个分公司（帕勒斯特罗街 5 号）经理时盗用 30 万法郎被判有罪，犯罪事实是他自己供认的（见 1868 年 12 月 11 日警察局的报告）。厄内斯特·皮卡尔正是指派这个阿尔图尔·皮卡尔担任他主办的《自由选民》[36]的主笔。财政部的这份报纸用官方谎言来误导一般的证券投机商，而阿尔图尔·皮卡尔则在财政部和交易所之间不断来来往往，利用法国军队的惨败发财。这一对宝贝兄弟的全部财务信件都落到公社手里了。

茹尔·费里在 9 月 4 日以前是个一文不名的律师，在围城期间以巴黎市长身份千方百计地利用饥馑搜刮了大笔钱财。他将来不得不交代他乱政失职之日，就是他受制裁之时。

这些人只能够在巴黎变成废墟时得到假释证①；他们正好是俾斯麦所需要的人。经过一番重新摆布，一向躲在幕后操纵政府的梯也尔现在成了政府的首脑，而假释犯们则成了部长。

梯也尔这个侏儒怪物，将近半个世纪以来一直受法国资产阶级的倾心崇拜，因为他是这个资产阶级的阶级腐败的最完备的思想代表。还在他成为国家要人以前，他作为一个历史学家就已经显露出说谎才能了。他的政治生涯的记录就是一部法国灾难史。1830 年以前，他和共和党人混在一起，在路易-菲力浦统治时代，

---

① 恩格斯在 1871 年德文版上加了一个注："在英国，普通刑事犯服过大部分刑期以后，常常发给假释证，犯人持着这种证件出狱居住，但应受警察监视。这种证件称为 tickets-of-leave［假释证］，持有假释证的人称为 ticket-of-leave men［假释犯］。"——编者注

他背弃了他的恩人拉菲特而谋得了首相的位置。为了献媚于国王,他煽起了平民暴动来反对僧侣,因而使圣日耳曼奥塞鲁瓦教堂和大主教的宅邸遭受了抢劫;[37]并且在对付贝里公爵夫人这件事情上充当了密探大臣和监狱产婆的角色[38]。特朗斯诺南街上屠杀共和党人的事件以及接着颁布的针对新闻出版和结社权利的可憎的九月法令,都是他的杰作。[39]1840年3月,他再度出任首相,以他的修建巴黎防御设施的计划[40]震惊了全法国。在共和党人指责这个计划是一个危害巴黎自由的恶毒阴谋时,他在众议院中答复道:

> "什么话? 你们竟以为一修建城防设施就会危害自由! 首先,对任何一个可能存在的政府来说,你们如果假定它有朝一日会企图用炮轰首都的办法来保全自己,那你们就是在诽谤它…… 殊不知这样一个政府在胜利后将会比在胜利前更加百倍地不可能存在。"①

是的,除了预先已将炮台交给普鲁士人的政府,再没有哪一个政府敢于从这些炮台轰击巴黎。

1848年1月,当炮弹国王在巴勒莫城动手的时候[41],早已没有官位的梯也尔又在众议院中发表了演说:

> "诸位先生! 你们都知道在巴勒莫发生的事情。一听说有一个大城市竟被连续轰击了48小时之久,你们大家都感到震惊〈纯系议会语言〉。是被谁轰击的呢? 是被行使战争权利的外敌轰击的吗? 不是的,诸位先生,是被它自己的政府轰击的。为什么? 就是因为这个不幸的城市要求享有自己的权利。好啊,就是为了要求享有自己的权利,就遭受了48小时的轰击…… 请允许我向欧洲的舆论呼吁。挺身而出,从也许是欧洲最伟大的讲坛上,用愤

---

① 阿·梯也尔《1841年1月13日在众议院的演说》,载于1871年4月12日《复仇者报》第14号。——编者注

怒的言辞〈不错,是用言辞〉来斥责这种行动,这就是对人类的一个贡献…… 当为自己的祖国效过劳〈这是梯也尔先生从来没有做过的〉的埃斯帕特罗摄政,想以炮轰巴塞罗那城来镇压那里的起义时,全世界各地都发出了共同的愤怒的呼声。"①

过了一年半,梯也尔先生已经是法军炮击罗马**42**的最狂热的辩护者之一了。其实,炮弹国王的过错看来只是在于他的轰击仅限于 48 小时而已。

二月革命**43**前几天,因被基佐弄得长期没官做没财发而满腹怨懑的梯也尔,一嗅到人民风暴将临的气息,就用那曾使他获得"蝇子米拉波"绰号的假英雄腔调在众议院中声称:

"我属于革命党,不但属于法国的革命党,而且也属于全欧洲的革命党。我希望革命政府留在温和派的手中…… 但是,即令这个政府落到了激烈人物以至激进派的手中,我也决不因此放弃我的事业,我将永远属于革命党。"②

二月革命爆发了。革命没有像这个小矮子所梦想的那样,把基佐内阁换成梯也尔内阁,而是以共和国代替了路易-菲力浦。在人民胜利的第一天,他小心翼翼地躲藏了起来,岂知工人们对他的鄙视已使他不会成为他们泄愤的对象了。虽然如此,尽管他有神奇的勇气,他还是继续避免在公共场所抛头露面,直到六月屠杀**44**为他这种人的活动扫清道路的时候为止。那时,他就成了秩序党**45**及其议会制共和国的首脑。这个议会制共和国是一种隐名的

---

① 阿·梯也尔《1848 年 1 月 31 日在众议院的演说》,载于 1871 年 4 月 17 日《号召报》第 673 号。——编者注

② 阿·梯也尔《1848 年 2 月 2 日在众议院的演说》,载于 1848 年 2 月 3 日《总汇通报》第 34 号。——编者注

空位王朝,在这个空位王朝时期,统治阶级的所有争权夺利的派系暗中互相勾结起来压制人民,同时它们又因各自企图恢复自己的王朝而互相倾轧。梯也尔那时也如现在一样责备共和党人,说他们是巩固共和国的唯一障碍;他那时也如现在一样,对共和国说过刽子手对唐·卡洛斯说过的话:"我要杀你,是为了你好。"现在也和那时一样,他在取得胜利以后的第二天就禁不住高呼:帝国大业已成。尽管梯也尔满口都是关于必不可少的自由的虚伪说教,而且他还对路易·波拿巴怀有私怨,因为路易·波拿巴愚弄过他并一脚踢开了议会制度——而这个小矮子心中明白,离开了议会那种人为的气氛他就变得一钱不值——尽管如此,第二帝国[9]所干的一切可耻勾当都有他的参与:从法国军队占领罗马直到对普鲁士作战。他为对普战争煽风点火时拼命咒骂德国的统一——并不是把德国的统一看做掩盖普鲁士专制制度的假面具,而是看做对法国固有的保持德国分裂状态的权利的侵犯。他喜欢用他那侏儒之臂在欧洲面前挥舞拿破仑第一的宝剑——他在自己的历史著作中就一味替拿破仑第一擦皮靴——可是他的对外政策始终是把法国引到极端屈辱的地步,从1840年的伦敦公约[46]到1871年的巴黎投降和目前这场内战都是如此。在这场内战中,他得到俾斯麦的特许,驱赶色当和梅斯的俘虏去攻打巴黎。[47]虽然他有随机应变的本事,虽然他的主张反复无常,但是此人一生都极端墨守成规。不言而喻,现代社会深层次的暗潮流他永远闭眼不看,而表面上明摆着的最清楚不过的变化,也是这样一个把头脑的全部活力都用来要嘴皮的人所深恶痛绝的。例如,他不倦地把一切偏离法国陈旧的保护关税制度的东西都指斥为渎犯神明。他在当路易-菲力浦的大臣时,曾经嘲骂铁路是荒诞的怪物;当他在路易·波拿巴时代处于反对派的地位时，他把任何改革法国陈腐的军事制度的尝试都斥为大逆不道。他在多年的政治生涯中，从来没有办过一件哪怕是极微小的稍有实际好处的事情。梯也尔始终不忘的，只是对财富的贪得无厌和对财富生产者的憎恨。他第一次当路易-菲力浦的内阁首相时，穷得和约伯一样，而到离职时已经成了百万富翁。在这同一个国王手下最后一次当首相时（自 1840 年 3 月 1 日），他曾在众议院中被人公开指责侵吞公款。对于这个指责，他就报以眼泪了事。眼泪这种东西，他也像茹尔·法夫尔和任何别的鳄鱼一样，随时都能拿得出来。在波尔多的时候①，他为了使法国避免即将来临的财政崩溃而采取的第一个措施，就是给自己规定了 300 万法郎的年俸；这就是他 1869 年在他的巴黎选民面前当做前景描绘出的那个"节俭共和国"的全部内容。他昔日在 1830 年的众议院中的同僚贝累先生（本人是一个资本家，然而也是巴黎公社的一个忠诚的委员），最近在一篇公开声明中对梯也尔说了如下一番话：

"使劳动受资本的奴役，一向是你的政策的基础。从你看到劳动共和国在巴黎市政厅内宣告成立的那一天起，你就没有停止过向法国叫喊：这些人都是罪犯！"②

梯也尔是一个谋划政治小骗局的专家，一个背信弃义和卖身变节的老手，一个在议会党派斗争中施展细小权术、阴谋诡计和卑鄙伎俩的巨匠；在野时毫不迟疑地鼓吹革命，掌权时毫不迟疑地把

① 在 1891 年德文版中是"1871 年在波尔多的时候"。——编者注
② 沙·贝累《致法兰西共和国政府首脑、公民梯也尔。1871 年 4 月 24 日》，载于 1871 年 4 月 28 日《口令报》第 64 号。——编者注

革命投入血泊;他只有阶级偏见而没有思想,只有虚荣心而没有良心;他的政治生涯劣迹昭彰,他的私生活同样为人所不齿——甚至在现在,他处在法兰西之苏拉的位置上,仍难免要以其自吹自擂之可笑衬托出其所作所为之可恨。

不仅把巴黎而且把全法国都拱手交给普鲁士的巴黎投降一举,是历时很久的一连串通敌卖国阴谋勾当的总收场,这些阴谋勾当,正如特罗胥自己所说,是9月4日的窃国大盗们在窃得政权的当天就开始推行的。另一方面,这次投降又是他们在普鲁士支持下对共和国和巴黎发动内战的开端。陷阱在投降条件中就已经布设好了。那时候,三分之一以上的国土陷于敌人手中,首都和外省的联系已被切断,一切交通联络处于混乱状态。在这种情况下,要选出法国的真正代表是不可能的,除非有充分的时间进行准备。正因为这样,所以在投降书中就规定国民议会必须在一周之内选出;结果法国许多地区只是在选举前夕才得到要进行选举的消息。并且,投降书中的一项条款明确规定,选举这个国民议会唯一的目的就是为了决定和与战的问题,最后可能还要由它来签订和约。人民不能不感觉到:停战条款已经使战争根本不可能继续下去,而为了批准俾斯麦强加给法国的和约,法国最坏的人便是最佳人选。但这些预先采取的办法还不能使梯也尔放心,于是他在停战的秘密尚未晓示巴黎以前,就动身到各省去作竞选旅行,以便在那些地方把正统派复活起来[48]。必须让这一派和奥尔良派一起替换当时已无法立足的波拿巴派[8]。梯也尔对他们并不害怕。这个正统派在现代法兰西组阁是不可能的事,所以作为敌手也就微不足道;而它在行动时,用梯也尔自己的话(1833年1月5日在众议院的演说)来说,

"一向只依靠三种资源:外敌入侵、内讧和无政府状态"。

可见,充当反革命工具,还有哪个党派比这个党派更合适呢?正统派当真相信,他们期望已久的昔日的千年王国[49]就要重现。真的,法国已沦于外敌的铁蹄之下,帝国被推翻了,波拿巴被俘虏了,而正统派则重新站起来了。显然,历史的车轮已经向后倒转,回到了1816年的"无双议院"[50]①。在1848—1851年的共和国时期的国民议会中,代表正统派的是他们中一些颇有素养和富有议会斗争经验的人物;现在挤进来的都是这个党派的寻常庸碌之辈,即法国的所有布索那克。

当这个"乡绅议会"[51]在波尔多刚刚开会的时候,梯也尔甚至没有让他们进行议会辩论就干脆告诉他们,必须立刻接受初步和约的条款,因为只有这样,普鲁士才会准许他们发动反对共和国及其堡垒巴黎的战争。反革命势力实在不能再耽搁时间了。第二帝国已使国债增加了一倍多,使所有的大城市都背上了沉重的地方债务。战争极度地加重了债负,无情地耗尽了全国的财源。造成彻底崩溃的是,普鲁士的夏洛克手持票据勒索供养他在法国土地上的50万军队的粮饷,要求支付他的50亿赔款,对其中留待以后分期交付的款额加收5%的利息[52]。由谁来支付呢?只有用暴力推翻共和国,财富占有者才有希望把他们自己所发动的战争的费用转嫁到财富生产者的肩上。所以,法国的大破产就促使地产和资本的这班爱国的代理人,在外国侵略者的监视和卵翼下把对外战争变成一场国内战争——一场奴隶主叛乱。

---

① 在1871年和1891年的德文版中加有"(地方官和地主的议院)"。
　　——编者注

有一个巨大的障碍阻挠这个阴谋的实现，这就是巴黎。解除巴黎的武装，是保证成功的首要条件。因此，梯也尔要求巴黎放下武器。接着就发生了一系列令巴黎人愤慨的事情："乡绅议会"进行疯狂的反共和国示威活动，而梯也尔本人对共和国的合法地位含糊其词；巴黎面临砍去头颅取消首都地位的威胁[53]，奥尔良分子被任命为驻外使节；杜弗尔就商业票据超期和房租拖欠问题提出的法令[54]给巴黎工商业带来破产；普耶-凯尔蒂埃要求不论任何出版物一律每本征税两生丁；布朗基和弗路朗斯被判死刑；共和派报纸被查禁；国民议会迁到凡尔赛；当初由八里桥伯爵宣布而在9月4日取消了的戒严又重新恢复；十二月分子维努瓦[55]被任命为巴黎总督，帝国时期的宪兵瓦朗坦被任命为警察局长，耶稣会[56]会士奥雷尔·德·帕拉丹将军被任命为巴黎国民自卫军总司令。

现在我们要向梯也尔先生和他手下的国防人士们提出一个问题。大家知道，梯也尔通过他的财政部长普耶-凯尔蒂埃先生谈妥了一笔为数20亿的借款。我们要问：

（1）据说在这笔生意中，安排了几亿佣金以饱梯也尔、茹尔·法夫尔、厄内斯特·皮卡尔、普耶-凯尔蒂埃和茹尔·西蒙的私囊，此事是真是假？

（2）据说只有在"平定"巴黎以后才支付这笔借款[57]，此话是虚是实？

无论如何，此事必为某种原因所迫，因为梯也尔和茹尔·法夫尔已用波尔多议会大多数的名义毫不羞愧地乞求普鲁士军队立即占领巴黎。但是，俾斯麦的算盘不是这样打的，他回到德国以后对法兰克福那些衷心叹服的庸人们公开发表的那一番嘲讽性的言论就表明了这一点。

二

　　武装的巴黎是实现反革命阴谋的唯一严重障碍。因此必须解除巴黎的武装。在这一点上,波尔多议会是很坦率的。如果乡绅议员[51]们的狂暴鼓噪还令人听不出所以然,那么梯也尔把巴黎交给十二月分子维努瓦、波拿巴宪兵瓦朗坦和耶稣会会士奥雷尔·德·帕拉丹将军三人摆布,则已令人不能再有丝毫怀疑了。但是,阴谋分子们在狂傲地亮出解除巴黎武装这一真正目的的同时,却以一种极端露骨、极端卑劣的谎言作为要求巴黎放下武器的借口。梯也尔说,巴黎国民自卫军的大炮是属于国家的,必须交还给国家。事实是这样的:从投降的那一天起,巴黎就已严加戒备,因为在投降的时候,俾斯麦的俘虏们一方面签字画押把法国拱手交出,一方面却为自己保留了一支人数众多的警卫部队,目的毫不含糊,就是为了威胁巴黎。国民自卫军进行了改组,把最高指挥权交给了由国民自卫军全体官兵(某些旧波拿巴军队残部除外)共同选出的中央委员会。在普军开进巴黎的前夕,中央委员会设法把投降派故意遗弃在普军即将进驻的那些街区及其附近的大炮和机关枪运到了蒙马特尔、贝尔维尔和拉维莱特。这些武器是由国民自卫军筹款置备的。在1月28日的投降书中,正式承认这些武器是国民自卫军自有的财产,因而没有列入应该缴给胜利者的属于政府的武器总数之内。梯也尔实在找不出什么借口,哪怕是最蹩脚的借口来对巴黎开战,因此他只好采用明目张胆地撒谎的手段,说什么国民自卫军的大炮是国家的财产!

夺取大炮显然正是全面解除巴黎武装,因而也就是解除9月4日革命武装的开端。可是,这次革命已经成为法国的合法局面。这次革命所产生的共和国,已在投降书上由胜利者予以承认。在投降以后,它又取得了外国列强的承认;还以它的名义召集了国民议会。9月4日的巴黎工人革命,是波尔多国民议会及其行政当局的唯一合法根据。如果没有9月4日的革命,这个国民议会就得立即让位给1869年在法国人统治下而不是在普鲁士人统治下由普选产生的、后来被革命强迫解散的立法团。梯也尔和他的那帮假释犯们就不得不降服,以便求得一张由路易·波拿巴签发的护身证件,以免长途跋涉前往卡宴**58**。握有全权可以同普鲁士媾和的国民议会,不过是这次革命中的一个插曲,而革命的真正体现者仍然是武装的巴黎。正是巴黎发动了这次革命,为这次革命忍受了五个月的围困和饥饿的灾难,并且不顾特罗胥的计划而以自己的持久抵抗使外省有可能进行顽强的自卫战争。而现在,这个巴黎或者是按照波尔多那帮叛逆奴隶主的羞辱性命令放下武器,承认9月4日的革命只不过意味着使政权从路易·波拿巴手里转到那些同他竞争的保皇党人手里;或者是必须挺身而出,以自我牺牲的精神来保卫法国。但是,如果不用革命手段消除那些产生了第二帝国并在帝国庇护下达到彻底腐朽地步的政治条件和社会条件,要拯救法国于危亡并使之获得新生是不可能的。受过五个月饥饿煎熬的巴黎,片刻都没有犹豫。它英勇无畏地决心冒一切风险抗击法国阴谋分子,尽管当时有普鲁士的大炮从它自己的炮台上威胁着它,也在所不辞。但是,中央委员会极不愿巴黎被推入一场内战,因此,不管国民议会如何挑衅,不管行政当局如何僭越权限,也不管军队在巴黎城内和巴黎周围的集结造成多大威胁,它仍然坚持采取纯粹防御的立场。

是梯也尔发动了内战:他派维努瓦率领一大群警察和几个战斗团去夜袭蒙马特尔,企图出其不意地夺走国民自卫军的大炮。大家知道,由于国民自卫军的抵抗和战斗团士兵对人民的同情,这个企图没有得逞。奥雷尔·德·帕拉丹事先已经印好了胜利公报,梯也尔也已经预备好了宣布他的政变措施的告示。现在这些只好都换成梯也尔的一项声明。声明说,他作出了宽容的决定:让国民自卫军保留他们的武器。他还说,相信国民自卫军会拿着这些武器团结在政府周围来反对叛乱分子。在30万国民自卫军中,只有300人响应了这个号召,团结在小矮子梯也尔的周围来反对他们自己。光荣的三月十八日工人革命完全掌握了巴黎。中央委员会就是革命的临时政府。欧洲一时似乎怀疑它新近在政治上和军事上经历的惊人巨变到底是真的,还是早已消逝的往事的梦幻。

从3月18日到凡尔赛军队进入巴黎,无产阶级的革命完全没有出现像"上等阶级"的革命,特别是反革命中极为常见的那种暴行,因而它的敌人除了抓住勒孔特和克莱芒·托马两将军的被杀和旺多姆广场事件,是找不到任何借口来表示愤慨的。

勒孔特将军是参加夜袭蒙马特尔的波拿巴军官之一,他曾四次命令第81战斗团开枪射击聚集在皮加尔广场上的手无寸铁的群众,而当士兵们拒绝执行他的命令时,他就百般辱骂他们。是他自己的士兵没有射击妇孺而把他枪毙了。士兵们在工人阶级的敌人的训练下所养成的根深蒂固的习性,自然不可能在他们转到工人方面来的一刹那间就改变。克莱芒·托马也是被这些士兵处死的。

克莱芒·托马"将军"过去是一个不得志的军需中士,在路易-菲力浦统治的后期进入共和派的《国民报》[59]报馆,为这家非常好斗的报纸充当责任代理人(gérant responsable①)和决斗打手的双重角色。二月革命以后,《国民报》这派人掌握了政权,他们便让这位先前的军需中士摇身一变而成为将军。这是六月屠杀[44]前夕的事情。他和茹尔·法夫尔一样,是这次事件的阴狠毒辣的策划人之一,也是这次屠杀的最卑鄙的刽子手之一。在此以后,他带着他的将军头衔隐没了很久,直到1870年11月1日才又出头露面。在这前一天,被执于市政厅中的国防政府曾向布朗基、弗路朗斯和其他工人代表庄严地允诺,把他们篡夺的政权转交给将由巴黎自由选出的公社。[60]但是,国防政府并没有履行自己的诺言,却驱使特罗胥的布列塔尼兵——他们现在代替了波拿巴的科西嘉兵[61]——去蹂躏巴黎。只有塔米西埃将军一人不愿以这种背信弃义的勾当来玷污自己的名誉,辞去了国民自卫军总司令的职务。代替他担任这个职务的克莱芒·托马便又当上了将军。他在任总司令的整个期间,不向普军作战,而向巴黎国民自卫军作战。他阻挠巴黎国民自卫军全面武装,挑动国民自卫军中的资产阶级营和工人营互相争斗,他清洗反对特罗胥"计划"的军官,而且偏偏把那些英勇善战、现在连最凶顽的敌人也为之震惊的无产阶级营诬蔑为怯阵而加以解散。克莱芒·托马感到十分得意的是,他又重

---

① 在1871年和1891年的德文版中加有"其职务是代表报馆坐牢服刑"。——编者注

新赢得了他在六月屠杀事件中享有的巴黎工人阶级大仇人的殊荣。就在 3 月 18 日的前几天，他向陆军部长勒夫洛呈递了他一手炮制的"彻底消灭巴黎暴民之 a fine fleur(精粹)"的计划①。在维努瓦吃了败仗以后，他却偏偏要到场充当业余密探。中央委员会和巴黎工人对克莱芒·托马和勒孔特两人被杀应负的责任，就像威尔士亲王夫人驾临伦敦时对被挤死者的命运应负的责任一样。

所谓在旺多姆广场上屠杀赤手空拳的公民，那是个神话。梯也尔先生和乡绅议员们在议会中决不提及此事，只让那些欧洲报界的走卒去传播。"秩序人物"，即巴黎的反动分子，听到 3 月 18 日胜利的消息时吓得全身发抖。在他们看来，这是人民报复的时刻终于到来的信号。从 1348 年六月事件到 1871 年 1 月 22 日惨遭他们杀害的那些死者的冤魂[62]，都浮现在他们眼前。但他们受到的惩罚仅仅是这场惊吓。甚至警察也没有受到应有的处置——解除武装关起来，反而是巴黎为他们敞开城门，让他们安然撤往凡尔赛。不仅没有触动"秩序人物"一根毫毛，反而容忍他们集结起来并在巴黎的正中心悄悄地占据不止一个据点。中央委员会的这种宽容态度，武装工人的这和宽宏大量，与"秩序党"的作风差异太大了，以致"秩序党"竟误认为这只是工人自感软弱的表现。于是他们就产生了一个愚蠢的计划——试图在举行徒手的游行示威的幌子下做到维努瓦用大炮和机关枪所没有做到的事情。3 月 22 日，从富人区里吵吵闹闹地走出了一群派头十足的人物，队伍里全都是纨绔阔少，领头的是埃克朗、科特洛贡、昂利·德·佩恩之流

① 克莱尔蒙-托内尔《1871 年 3 月 5 日的信》，载于 1871 年 4 月 19 日《复仇者报》第 21 号。——编考注

这样一些著名的帝国猪仔。这一帮流氓胆怯地以和平示威游行做幌子,暗中携带杀人凶器,在街上列队行进,遇到单独值勤的国民自卫军巡逻兵和哨兵,就加以凌辱并缴械。他们走出和平街时高喊着"打倒中央委员会!打倒杀人犯!国民议会万岁!"企图冲过岗哨的警戒线,出其不意地占领设在旺多姆广场上的国民自卫军总部。国民自卫军在受到手枪射击后,按常规发出 sommations(在法国相当于英国的骚乱取缔令)[63],此措施无效,国民自卫军的将领①才下令开枪。一排枪就打得这群愚蠢的花花公子抱头鼠窜,而这些家伙本来以为只要一摆出他们的"派头"来,就会对巴黎革命产生出像约书亚的羊角声对耶利哥城墙所产生的那种影响[64]。国民自卫军方面有两人被这些窜逃分子打死,有九人受重伤(其中一人是中央委员会委员②)。在这帮家伙这次建功立业的现场,到处都抛弃有手枪、匕首和手杖刀这类证明他们"徒手"举行"和平"示威游行的证物。当 1849 年 6 月 13 日国民自卫军为抗议法军穷凶极恶地袭击罗马而举行真正的和平示威游行[65]时,当时的秩序党的将军尚加尔涅曾被国民议会特别是被梯也尔先生推崇为社会救主,因为他让自己的军队从四面八方冲击赤手空拳的群众,用枪击、刀斩和马踏来对付他们。巴黎当时宣布了戒严。杜弗尔急忙在国民议会通过了许多新的镇压法令。新的逮捕,新的流放,新的恐怖统治开始了。但是现在"下层等级"处理这样的事情却迥然不同。1871 年的中央委员会干脆就没有去理会那些"和平示威"的英雄们,结果仅仅过了两天他们就又能够纠合在一起,在海

---

① 茹·贝热瑞。——编者注
② 路·马尔儒纳尔。——编者注

军上将赛塞率领下来了一次**武装**示威。人所共知,那次示威以窜逃凡尔赛收场。当梯也尔通过偷袭蒙马特尔已经发动了内战的时候,中央委员会却不肯把这场内战打下去,因而犯了一个致命的错误,即没有立刻向当时毫无防御能力的凡尔赛进军,一举粉碎梯也尔和他的那帮乡绅议员们的阴谋。中央委员会没有这样做,反而容许秩序党在 3 月 26 日的公社选举中再次进行较量。这一天,"秩序人物"在巴黎各区政府同他们的过分宽宏的战胜者互道温和的和解之词,可他们内心里却咬牙切齿地发誓,时机一到定要将对方消灭干净。

现在来看看这幅图画的背面吧。梯也尔在 4 月初第二次对巴黎开战。被送到凡尔赛去的第一批巴黎俘虏,受到了令人发指的残酷虐待,而厄内斯特·皮卡尔则两手插在裤袋里,在他们面前踱来踱去,恣意耍笑他们,梯也尔夫人和法夫尔夫人由她们的贞(?)女①们簇拥着,站在阳台上拍手喝彩,欣赏凡尔赛匪徒的暴行。被俘的战斗团士兵都被冷酷地屠杀。我们英勇的朋友、铸工杜瓦尔将军没有经过任何审讯就被抢决了。加利费——这是个靠自己那位因在第二帝国闹宴上无耻卖弄色相而出名的妻子吃饭的人——在一篇公告中夸耀,他曾下令把被他的士兵突袭缴械的一小队国民自卫军连同队长和副队长一并杀害。维努瓦这个逃跑者,因发布把在公社战士当口抓到的战斗团士兵一律枪毙的通令,被梯也尔授予荣誉军团大十字勋章。宪兵德马雷也被授勋,因为他忘恩负义,像屠夫一样把高尚而豪爽的弗路朗斯,即在 1870 年 10 月

---

① 在英语里,侍候女王、王后、公主等尊贵妇女的女侍称做"贞女"(maid of honour 或 lady of honour),这里显然指的是梯也尔夫人和法夫尔夫人身边的女侍。——编者注

31 日救了国防政府头目们的命的那个弗路朗斯[66]，剁成了碎块。梯也尔在国民议会扬扬自得地大谈这次屠杀事件的"令人兴奋的细节"。议会里的一个小矮子居然得以扮演跛帖木儿的角色，他因此而忘乎所以，对敢于向他这个卑劣渺小的人物造反的人，竟剥夺他们依文明战争原则所应享有的一切权利，救护站中立权也包括在内。再没有比伏尔泰所预见的这种得以暂时恣意发挥其老虎本能的猴子更加可恶的了①（见附录第 35 页②）。

4 月 7 日的公社法令宣布采取报复措施，声明公社有责任"保护巴黎不受凡尔赛匪帮的野蛮虐杀，要以眼还眼，以牙还牙"[67]。在公社颁布了这个法令以后，梯也尔并未停止对被俘者的野蛮虐待，甚至在他的公报[31]上这样侮辱他们说："正直人士还从未这样痛心地目睹过代表一种堕落的民主制的如此堕落的面孔"③——所谓正直人士就是像梯也尔和他的内阁里的假释犯那样的人。不过，枪杀俘虏还是暂时停止了一下。但是，当梯也尔和他的那些十二月将军们④发现公社的报复法令只不过是空洞的威胁，连在巴黎抓到的假扮国民自卫军的宪兵密探和身上搜出燃烧弹的警察都得到了饶恕，他们立刻就又开始大批枪杀俘虏，直到杀完为止。躲藏有国民自卫军的房屋，被宪兵团团围住，浇上煤油（此种办法在这场战争中首次使用），纵火焚烧；烧焦的尸体后来被特尔纳街区的印刷厂救护队运走了。4 月 25 日，有四名国民自卫军在贝尔-

---

① 参看伏尔泰《老实人》第 22 章。——编者注
② 见本书第 90—91 页。——编者注
③ 阿·梯也尔《1871 年 4 月 4 日宣言》，载于 1871 年 4 月 5 日《法兰西共和国公报》第 95 号。——编者注
④ 指波拿巴派的将军们。——编者注

埃皮纳向一队骑兵投降,后来被这队骑兵的队长(加利费的好部下)开枪一个个打倒在地。这四个受害者中有一个被认为已打死了的名叫舍弗尔的人,爬回到巴黎的前哨地点,向公社的一个委员会证实了此事。当托伦就这个委员会的报告向陆军部长勒夫洛提出质问时,乡绅议员们用叫喊声盖住他的发言,并且不让勒夫洛回答。对于他们"光荣的"军队说来,谈论它的行为就是对它的侮辱。梯也尔的公报宣布在穆兰-萨凯用刺刀杀死睡梦中的公社战士和在克拉马进行集体枪杀这种事件时所用的轻率口气,甚至使不那么容易激动的伦敦《泰晤士报》**68**也为之震惊。但是今天要试图一一列举出那些在外国侵略者卵翼下轰击巴黎、发起奴隶主叛乱的人们刚刚才开始的暴行,那是可笑的。面对这一切惨象,梯也尔竟忘记了他曾用议会辞令表白他对自己侏儒之肩所负的重任感到诚惶诚恐,居然在自己的公报上扬扬得意地说 l'Assemblée siège paisiblement(议会一片和平气氛),他还不断地大摆筵席,时而同他的十二月将军们狂饮,时而同德国王公们欢宴,以此来证明他依然健啖如初,甚至勒孔特和克莱芒·托马两人的鬼魂也没有败坏他的胃口。

三

1871 年 3 月 18 日清晨,巴黎被"公社万岁!"的雷鸣般的呼声惊醒了。公社,这个使资产阶级的头脑怎么也捉摸不透的怪物,究竟是什么呢?

中央委员会在它的 3 月 18 日宣言中写道:

"巴黎的无产者,目睹统治阶级的无能和叛卖,已经懂得:由他们自己亲手掌握公共事务的领导以挽救时局的时刻已经到来…… 他们已经懂得:夺取政府权力以掌握自己的命运,是他们无可推卸的职责和绝对权利。"①

但是,工人阶级不能简单地掌握现成的国家机器,并运用它来达到自己的目的。

中央集权的国家政权连同其遍布各地的机关,即常备军、警察局、官僚机构、教会和法院——这些机关是按照系统的和等级的分工原则建立的——起源于专制君主制时代,当时它充当了新兴资产阶级社会反对封建制度的有力武器。但是,领主权利、地方的特权、城市和行会的垄断以及地方的法规等这一切中世纪的垃圾还阻碍着它的发展。18 世纪法国革命的大扫帚,把所有这些过去时代的残余都扫除干净,这样就从社会基地上清除了那些妨碍建立

---

① 1871 年 3 月 21 日《法兰西共和国公报》第 80 号。——编者注

现代国家大厦这个上层建筑的最后障碍。现代国家大厦是在第一帝国时期建立起来的,而第一帝国本身又是从半封建的旧欧洲反对现代法国的几次同盟战争中产生的。在以后各个时期的政治体制下,政府都被置于受议会控制,即受有产阶级直接控制的地位。它不但变成了巨额国债和苛捐重税的温床,不但由于拥有令人倾心的官职、金钱和权势而变成了统治阶级中各不相让的党派和冒险家们彼此争夺的对象,而且,它的政治性质也随着社会的经济变化而同时改变。现代工业的进步促使资本和劳动之间的阶级对立更为发展、扩大和深化。与此同步,国家政权在性质上也越来越变成了资本借以压迫劳动的全国政权,变成了为进行社会奴役而组织起来的社会力量,变成了阶级专制的机器。① 每经过一场标志着阶级斗争前进一步的革命以后,国家政权的纯粹压迫性质就暴露得更加突出。1830 年的革命使政权从地主手里转到了资本家手里,也就是从离工人阶级较远的敌人手里转到了工人阶级的更为直接的敌人手里。资产阶级共和党人以二月革命的名义夺取了国家政权,并且利用这个政权进行了六月屠杀**44**,从而向工人阶级证明,"社会"共和国就是保证使他们遭受社会奴役的共和国;向资产阶级中的大批保皇派和地主阶级证明,他们尽可以放心地让资产阶级"共和党人"去操治理国家之心,得治理国家之利。但是,资产阶级共和党人在建对了他们唯一的六月勋业以后,不得不从"秩序党"的前列退居后列——"秩序党"是一个由占有者阶级的所有相互倾轧的党派构成的联盟,是在这些党派现在公开宣布

---

① 在 1871 年德文版中是"越来越变成了压迫劳动的社会权力,变成了阶级统治的机器";在 1891 年德文版中是"越来越变成了压迫工人阶级的社会权力,变成了阶级统治的机器"。——编者注

的同生产者阶级的对抗中形成的。他们合股执政的最适当的形式就是由路易·波拿巴任总统的**议会制共和国**。他们这个议会制共和国是一个公开实行阶级恐怖和有意侮辱"群氓"的体制。如果说,像梯也尔所讲的那样,议会制共和国"使他们〈统治阶级的各个派别〉最不易分裂"①,那么,它在这个人数很少的阶级和这个阶级以外的整个社会机体之间却挖了一道鸿沟。在以往各种体制下,统治阶级内部的分裂还使国家政权受到制约,现在由于这个阶级的联合,这种制约已经消失了。由于存在着无产阶级起来造反的危险,联合起来的统治阶级已在残酷无情地大肆利用这个国家政权作为资本对劳动作战的全国性武器。但是,统治阶级对生产者大众不断进行的十字军征讨**69**,使它不仅必须赋予行政机关以越来越大的镇压之权,同时还必须把它自己的议会制堡垒——国民议会——本身在行政机关面前的一切防御手段一个一个地加以剥夺。结果,这个体现于路易·波拿巴其人之身的行政机关把国民议会一脚踢开了。"秩序党"共和国的自然产物就是第二帝国**9**。

这个以政变为出生证书、以普选为批准手续、以宝剑为权杖的第二帝国,声称它倚靠农民阶级,即倚靠没有直接卷入劳资斗争的广大生产者群众。它声称它通过打破议会制度并因而打破政府公开为有产阶级当奴仆的局面而拯救了工人阶级。它声称它以支持有产阶级对工人阶级的经济统治而拯救了有产阶级。最后,它声称它通过为所有的人恢复了国家荣誉的幻觉,而把一切阶级联合

① 《梯也尔先生的计划》,载于 1871 年 3 月 29 日《形势报》第 163 号。——编者注

了起来。事实上，帝国是在资产阶级已经丧失统治国家的能力而工人阶级又尚未获得这种能力时唯一可能的统治形式。全世界都欢迎这个帝国，认为它是社会救主。在它的统治下，资产阶级社会免除了各种政治牵挂，得到了甚至它自己也梦想不到的高度发展。工商业扩展到极大的规模；金融诈骗风行全世界；民众的贫困同无耻的骄奢淫逸形成鲜明对比。表面上高高凌驾于社会之上的国家政权，实际上正是这个社会最丑恶的东西，正是这个社会一切腐败事物的温床。它本身的腐朽性以及它所拯救了的那个社会的腐朽性，恰恰被一心想把这个统治制度的最高司令部从巴黎搬到柏林去的普鲁士的刺刀尽行戳穿了。帝国制度是国家政权的最低贱的形式，同时也是最后的形式。它是新兴资产阶级社会当做自己争取摆脱封建制度的解放手段而开始缔造的；而成熟了的资产阶级社会最后却把它变成了资本奴役劳动的工具。

帝国的直接对立物就是公社。巴黎无产阶级在宣布二月革命时所呼喊的"社会共和国"口号，的确是但也仅仅是表现出这样一种模糊的意向，即要求建立一个不但取代阶级统治的君主制形式、而且取代阶级统治本身的共和国。公社正是这个共和国的毫不含糊的形式。

既是旧政权中央政府所在地同时又是法国工人阶级社会大本营的巴黎，手执武器奋起反抗了梯也尔和乡绅议员[51]们恢复并巩固帝国留给他们的这个旧政权的企图。巴黎所以能够反抗，只是由于被围困使它摆脱了军队并用主要由工人组成的国民自卫军来代替它。现在必须使这一事实成为制度，所以，公社的第一个法令就是废除常备军而代之以武装的人民。

公社是由巴黎各区通过普选选出的市政委员组成的。这些委员对选民负责,随时可以罢免。其中大多数自然都是工人或公认的工人阶级代表。公社是一个实干的而不是议会式的机构,它既是行政机关,同时也是立法机关。警察不再是中央政府的工具,他们立刻被免除了政治职能,而变为公社的承担责任的、随时可以罢免的工作人员。其他各行政部门的官员也是一样。从公社委员起,自上至下一切公职人员,都只能领取相当于**工人工资**的报酬。从前国家的高官显宦所享有的一切特权以及公务津贴,都随着这些人物本身的消失而消失了。社会公职已不再是中央政府走卒们的私有物。不仅城市的管理,而且连先前由国家行使的全部创议权也都转归公社。

公社在铲除了常备军和警察这两支旧政府手中的物质力量以后,便急切地着手摧毁作为压迫工具的精神力量,即"僧侣势力",方法是宣布教会与国家分离,并剥夺一切教会所占有的财产。教士们要重新过私人的清修隐遁的生活,像他们的先驱者即使徒们那样靠信徒的施舍过活。一切教育机构对人民免费开放,完全不受教会和国家的干涉。这样,不但人人都能受教育,而且科学也摆脱了阶级偏见和政府权力的桎梏。

法官的虚假的独立性被取消,这种独立性只是他们用来掩盖自己向历届政府奴颜谄媚的假面具,而他们对于那些政府是依次宣誓尽忠,然后又依次背叛的。法官和审判官,也如其他一切公务人员一样,今后均由选举产生,对选民负责,并且可以罢免。

巴黎公社自然是要为法国一切大工业中心做榜样的。只要公社制度在巴黎以及次一级的各中心城市确立起来,那么,在外省,旧的集权政府就也得让位给生产者的自治政府。在公社没有来得及进一步加以发挥的全国组织纲要上说得十分清楚,公社将成为甚至最小村落的政治形式,常备军在农村地区也将由服役期限极短的国民军来代替。每一个地区的农村公社,通过设在中心城镇的代表会议来处理它们的共同事务;这些地区的各个代表会议又向设在巴黎的国民代表会议派出代表,每一个代表都可以随时罢免,并受到选民给予他的限权委托书(正式指令)的约束。仍须留待中央政府履行的为数不多但很重要的职能,则不会像有人故意胡说的那样加以废除,而是由公社的因而是严格承担责任的勤务员来行使。民族的统一不是要加以破坏,相反,要由公社在体制上、组织上加以保证,要通过这样的办法加以实现,即消灭以民族统一的体现者自居同时却脱离民族、凌驾于民族之上的国家政权,这个国家政权只不过是民族躯体上的寄生赘瘤。旧政权的纯属压迫性质的机关予以铲除,而旧政权的合理职能则从僭越和凌驾于社会之上的当局那里夺取过来,归还给社会的承担责任的勤务员。普选权不是为了每三年或六年决定一次由统治阶级中什么人在议会里当人民的假代表,而是为了服务于组织在公社里的人民,正如个人选择权服务于任何一个为自己企业招雇工人和管理人员的雇主一样。大家都很清楚,企业也像个人一样,在实际业务活动中一般都懂得在适当的位置上使用适当的人,万一有错立即纠正。另一方面,如果用等级授职制[70]去代替普选制,那是最违背公社精神不过的。

一般说来,全新的历史创举都要遭到被误解的命运,即只要这种创举与旧的、甚至已经死亡的社会生活形式可能有某些相似之处,它就会被误认为是那些社会生活形式的翻版。所以,这个新的、摧毁了现代国家政权的公社,就恰恰被误认为是那最初产生于现代国家政权之先、尔后又成为现代国家政权基础的中世纪公社[71]的再现。公社体制被误认为是企图把各大国的统一——这种统一虽然最初由政治暴力所造成,但现已成为社会生产的强大因素——化为孟德斯鸠和吉伦特派[72]所梦想的那种许多小邦的联盟。公社与国家政权的对抗被误认为是反对过分集权这一古老斗争的被夸张了的形式。可能是特殊的历史条件①阻碍了像在法国出现过的那种资产阶级政权形式的典型发展,并使得像英国那样的情况能够存在:庞大的中央国家机构在城市里有腐败的教区委员会、钻营私利的市议员、凶暴的济贫法委员会委员为其补充,在乡村里有实际上是世袭的治安法官为其补充。公社体制会把靠社会供养而又阻碍社会自由发展的国家这个寄生赘瘤迄今所夺去的一切力量,归还给社会机体。仅此一举就会把法国的复兴推动起来。法国外省城市的资产阶级在路易-菲力浦时期控制着乡村,在路易-拿破仑时期,他们对乡村的控制为乡村对城市的虚假统治所取代。现在他们以为公社就是企图恢复他们过去的那种对乡村的控制。事实上,公社体制是把农村的生产者置于他们所在地区中心城市的精神指导之下,使他们在中心城市有工人作为他们利益的天然代表者。公社的存在本身自然而然会带来地方自治,但这种地方自治已经不是用来牵制现在已被取代的国家政权的东西了。只有俾斯麦这个除了策划铁血阴谋之外,总是喜欢重操最适合于他的智力的旧业即给《喧声》杂志(柏林的《笨拙》杂志)[73]撰稿的人,才会异想天开,以为巴黎公社要仿效普鲁士的市政体制。普鲁士的市政体制不过是1791年法国旧的市政组织的拙劣仿制品,它把城市管理机构降低为普鲁士国家警察机器上的辅助轮子。

---

① 在1871年和1891年的德文版此处有"在其他国家"。——编者注

公社实现了所有资产阶级革命都提出的廉价政府这一口号，因为它取消了两个最大的开支项目，即常备军①和国家官吏。公社的存在本身就意味着那至少在欧洲是阶级统治的真正赘瘤和不可或缺的外衣的君主制已不复存在。公社给共和国奠定了真正民主制度的基础。但是，无论廉价政府或"真正共和国"，都不是它的终极目标，而只是它的伴生物。

人们对公社有多种多样的解释，多种多样的人把公社看成自己利益的代表者，这证明公社完全是一个具有广泛代表性的政治形式，而一切旧有的政府形式都具有非常突出的压迫性。公社的真正秘密就在于：它实质上是工人阶级的政府②，是生产者阶级同占有者阶级斗争的产物，是终于发现的可以使劳动在经济上获得解放的政治形式。

如果没有最后这个条件，公社体制就没有存在的可能，就是欺人之谈。生产者的政治统治不能与他们永久不变的社会奴隶地位并存。所以，公社要成为铲除阶级赖以存在、因而也是阶级统治赖以存在的经济基础的杠杆。劳动一解放，每个人都变成工人，于是生产劳动就不再是一种阶级属性了。

说来也奇怪，虽然近 60 年来出现了大量的关于劳动解放③的高谈阔论和巨著，可是只要工人在什么地方决心由自己来做这件事，那些替以资本和雇佣奴隶为两极的现代社会（地主现在只不过是资本家的驯顺伙伴）说话的喉舌，立刻就出来大唱辩护之歌，

---

① 在 1871 年和 1891 年的德文版中是"军队"。——编者注
② 在 1871 年和 1891 年的德文版中"工人阶级的政府"等字有着重号。——编者注
③ 在 1891 年的德文版中是"工人解放"。——编者注

仿佛资本主义社会还处在童贞和白璧无瑕的状态,仿佛它的对立还没有发展,它的欺人假象还没有被戳穿,它的丑恶现实还没有被揭露!他们叫喊说,公社想要消灭构成全部文明的基础的所有制!是的,先生们,公社是想要消灭那种将多数人的劳动变为少数人的财富的阶级所有制。它是想要剥夺剥夺者。它是想要把现在主要用做奴役和剥削劳动的手段的生产资料,即土地和资本完全变成自由的和联合的劳动的工具,从而使个人所有制成为现实。但这是共产主义,"不可能的"共产主义啊!然而,统治阶级中那些有足够见识而领悟到现存制度已不可能继续存在下去的人们(这种人并不少),已在拼命地为实行合作生产而大声疾呼。如果合作生产不是一个幌子或一个骗局,如果它要去取代资本主义制度,如果联合起来的合作社按照共同的计划调节全国生产,从而控制全国生产,结束无时不在的无政府状态和周期性的动荡这样一些资本主义生产难以逃脱的劫难,那么,请问诸位先生,这不是共产主义,"可能的"共产主义,又是什么呢?

工人阶级并没有期望公社做出奇迹。他们不是要凭一纸人民法令去推行什么现成的乌托邦。他们知道,为了谋求自己的解放,并同时创造出现代社会在本身经济因素作用下不可遏止地向其趋归的那种更高形式,他们必须经过长期的斗争,必须经过一系列将把环境和人都加以改造的历史过程。工人阶级不是要实现什么理想,而只是要解放那些由旧的正在崩溃的资产阶级社会本身孕育着的新社会因素。工人阶级充分认识到自己的历史使命,满怀完成这种使命的英勇决心,所以他们能够笑对那些摇笔杆子的文明人中之文明人的粗野谩骂,笑对好心肠的资产阶级空论家的训诫,这些资产阶级空论家总是滔滔不绝地宣讲他们那一套无知的陈词滥调和顽固的宗派主义谬论，口气俨如发布永无谬误的神谕一般。

当巴黎公社把革命的领导权掌握在自己手中的时候，当普通工人第一次敢于侵犯他们的"天然尊长"①的执政特权，在空前艰难的条件下虚心、诚恳而卓有成效地进行他们的工作，而所得报酬最高额还不及科学界高级权威人士②所建议的伦敦国民教育局秘书最低薪额的五分之一**74**的时候，旧世界一看到象征劳动共和国的红旗在市政厅上空飘扬，便怒火中烧，气得浑身颤抖。

然而这是使工人阶级作为唯一具有社会首创能力的阶级得到公开承认的第一次革命；甚至巴黎中等阶级的大多数，即店主、手工业者和商人——唯富有的资本家除外——也都承认工人阶级是这样一个阶级。公社拯救了这个中等阶级，因为公社采取英明措施把总是一再出现的中等阶级内部纠纷之源，即债权和债务问题解决了。**75**正是中等阶级的这一部分人在1848年为镇压六月工人起义出过力之后，立即被制宪议会毫不客气地交给他们的债主们去任意宰割。**76**但这还不是他们现在靠拢工人阶级的原因③。他们感觉到他们只能在公社和不管打着什么招牌的帝国之间进行抉择。帝国在经济上毁了他们，因为它大肆挥霍社会财富，怂恿大规模的金融诈骗，支持人为地加速资本的集中，从而使他们遭受剥夺。帝国在政治上压迫了他们，它的荒淫无度在道义上震惊了他们；帝国侮辱了他们的伏尔泰思想，因为它把教育他们子弟的事情交给无知兄弟会**77**；帝国激怒了他们作为法兰西人的民族感情，因为它把他们一下子推入这样一场战争，这场战争制造了那么多毁

---

① 在1871年和1891年的德文版中加有"即有产者"。——编者注
② 在德文各版中加有"（赫胥黎教授）"。——编者注
③ 在1871年和1891年的德文版中是"唯一原因"。——编者注

灭性灾难,得到的结果只有一个——帝国灭亡。事实上,在波拿巴派和资本家这样一些高等流氓从巴黎逃跑以后,真正的中等阶级秩序党就以共和联盟[78]的形式出现,站到了公社的旗帜下,并且反驳梯也尔的胡编乱造,保卫公社。至于这一大部分中等阶级的感激心情能否经得住目前的严峻考验,将来自有分晓。

公社对农民说,"公社的胜利是他们的唯一希望"[79],这是完全正确的。炮制于凡尔赛、由光荣的欧洲报界文丐一传再传的所有谎言中最惊人的就是:乡绅议员代表法国农民。试想一想,法国农民对于他们在 1815 年以后不得不付予 10 亿赔偿金[80]的人们竟产生了爱戴心情! 在法国农民的心目中,大土地所有者存在本身就是对他们 1789 年的胜利果实的侵犯。1848 年,资产者们对农民的那块土地加上了每法郎 45 生丁的附加税[81],而那时候他们还是以革命的名义这样做的;现在他们则挑起了反对革命的国内战争,借以把他们约定要付给普鲁士人的 50 亿赔款[12]的主要重担转嫁到农民身上。与此相反,公社在最初发表的一项公告里就已经宣布,战争的费用要让真正的战争发动者来偿付。公社能使农民免除血税,能给他们一个廉价政府,能把现今吸吮着他们鲜血的公证人、律师、法警和其他法庭吸血鬼,换成由他们自己选出并对他们负责的领工资的公社勤务员。公社能使他们免除乡警、宪兵和省长的残暴压迫,能用启发他们智慧的学校教师去代替麻痹他们头脑的教士。而法国农民首先是善于算账的人。他们会发现,教士的薪俸不由税吏们强制征收,而只由各教区的居民依其宗教情感自愿捐赠,那是极为合理的。这些都是公社的统治——也只有这种统治——使法国农民马上就能得到的巨大好处。所以这里用不着细讲那些只有公社才能够而且必须以有利于农民的方式加以解决的更复杂但极重要的问题,例如:农民那小片土地负担着压得他们喘不过气来的抵押责务,prolétariat foncier(农村无产阶级)因此而与日俱增,农民的土地恰恰由于现代农业的发展以及资本主义农场经营的竞争而以越来越快的速度被剥夺。

路易·波拿巴是被法国农民选为共和国总统的,第二帝国则是秩序党[45]的作品。在 1849 年和 1850 年,法国农民就开始表明他们实际需要的是什么了。他们的表达方式就是:以自己的区长对抗政府的省长,以自己的学校教师对抗政府的教士,以自身对抗政府的宪兵。秩序党在 1850 年 1 月和 2 月所制定的一切法律[82],都是明目张胆压迫农民的措施。农民曾经是波拿巴派,因为在他们的眼中大革命及其带给农民的所有利益都体现在拿破仑的身上。这种在第二帝国时代迅速破灭的(而且就其本质而言对乡绅议员是不利的)错觉,这种过去时代的偏见,怎么能够抵得住公社对农民切身利益和迫切需要的重视所具有的号召力呢?

乡绅议员知道(并且实际上也最害怕这一点),如果公社治理下的巴黎同外省自由交往起来,那么不出三个月就会引起一场农民大起义,所以他们才急于对巴黎实行警察封锁,以阻止这种传染病的蔓延。

可见,公社是法国社会的一切健全成分的真正代表,因而也就是真正的国民政府,而另一方面,它作为工人的政府,作为劳动解放的勇敢斗士,同时又具有十足国际的性质。普鲁士军队使法国的两个省归属于德国,而就在这支军队的眼前,公社使全世界的工人都归属于法国。

第二帝国曾是臭普天下凭蒙拐骗之大成的盛世。世界各国的坏蛋都响应了它的号召,赶来参加它的闹宴和对法国人民的掠夺。

甚至此时此刻梯也尔也还是以瓦拉几亚的流氓加内斯科为右手，以俄国的暗探马尔科夫斯基为左手。公社则使一切外国人都能享有为不朽事业而牺牲的荣誉。资产阶级由于它自己的叛变而招致了对外战争的失败，又同外国侵略者勾结挑起了国内战争，它在这两次战争的间隙找到了机会来表现它的爱国热情，其表现方式就是派警察搜捕在法国的德国人。公社则委任了一个德国工人①担任自己的劳动部长。梯也尔、资产阶级、第二帝国都不断欺骗波兰人，口头上冠冕堂皇地对他们表示同情，实际上把他们出卖给俄国，替俄国干坏事。公社则请波兰的英雄儿子②荣任巴黎捍卫者的领导人。为了使公社所自觉地开辟的历史新纪元有一个鲜明的标志，公社一方面当着普鲁士胜利者的面，另一方面当着由波拿巴派将军们率领的波拿巴军队的面，推倒了象征战争光荣的庞然巨物——旺多姆圆柱[83]。

公社的伟大社会措施就是它本身的存在和工作。它所采取的各项具体措施，只能显示出走向属于人民、由人民掌权的政府的趋势。这类措施是：不让面包工人做夜工；用严惩的办法禁止雇主们以各种借口对工人罚款以减低工资——雇主们在这样做的时候集立法者、审判官和法警于一身，而且以罚款饱私囊。另一个此类的措施是把一切已关闭的作坊或工厂——不论是资本家逃跑了还是自动停了工——都交给工人协作社，同时给企业主保留获得补偿的权利。

公社的那些引人注目的明智而温和的财政措施，只能是与围

————————

① 莱·弗兰克尔。——编者注
② 雅·东布罗夫斯基和瓦·符卢勃列夫斯基。——编者注

城状态相适应的措施。鉴于各大金融公司和承包商们在欧斯曼庇护下掠夺了巴黎大量钱财，公社要是没收他们的财产，其理由要比路易·波拿巴没收奥尔良家族的财产充足万倍。霍亨索伦家族和英国的政治寡头们的财产中有很大一部分是靠掠夺教会得来的，而公社从没收教会财产上仅仅得到 8 000 法郎，他们对此自然是大为震惊。

凡尔赛政府刚刚恢复了一点元气，便采取最残暴的手段对付公社。它在全法国压制言论自由，甚至禁止来自各大城市的代表举行集会；它在凡尔赛和法国其他地区设置暗探，远远超过第二帝国时代；它的宗教裁判官似的宪兵焚毁一切在巴黎出版的报纸，检查巴黎的一切来往信件；在国民议会中，谁如果斗胆要替巴黎说句话，立刻就会被呵斥住，这种情形甚至在 1816 年的"无双议院"**50**里也未曾有过；凡尔赛方面从外部对巴黎进行着野蛮的战争，而且还想在巴黎内部进行收买和阴谋活动——在此种情况下，公社若是装做像在太平盛世一样，遵守自由主义那一套表面上温文尔雅的行为规范，岂不是可耻地背叛了自己的使命？如果公社政府和梯也尔政府是同一类政府的话，那么凡尔赛方面就没有理由查禁公社的报纸，而巴黎方面也就同样没有理由查禁秩序党的报纸了。

就在乡绅议员宣称法国得救的唯一办法是回到教会怀抱里去的时候，不信教的公社却揭露了毕克普斯女修道院和圣洛朗教堂的秘密**84**，这实在是使这些议员恼火的事情。梯也尔将大把的大十字勋章随意掷给波拿巴派将军们以表彰他们打败仗、签降书和在威廉堡卷香烟**10**的本事，公社却在自己的将军们稍有失职嫌疑时就予以撤职和逮捕，这对于梯也尔先生是一种讽刺。公社把一个只是因为无支付能力而在里昂被监禁过六天，后来用假名混进公社的委员①予以撤职和逮捕,这对于那位伪造文据犯茹尔·法夫尔——他当时还在做法国的外交部长,还在向俾斯麦出卖法国,还在向比利时的那个模范政府发号施令——难道不像是有意打在他脸上的一记耳光吗? 但是,公社可不像一切旧政府那样自诩决不会犯错误。它把自己的所言所行一律公布出来,把自己的一切缺点都让公众知道。

在任何一次革命中,除了真正代表革命的人物,总还要挤进来另外一种人。这种人当中有些是以前各次革命的忠诚的幸存者,他们对当前的运动并没有深刻的了解,但他们由于具有人人皆知的忠诚和勇敢精神或者纯粹是由于传统力量,还保留有对人民的影响;另外有些人则不过是空喊家,他们年复一年地用老一套的刻板语言大骂现政府,从而骗取了第一流革命家的名声。在3月18日以后,确实也出现了上面说的那样一些人,他们有时甚至扮演了显要的角色。他们极力阻碍工人阶级的真正运动,同以前这种人阻碍各次革命充分发展的情况完全一样。他们是一种无法避免的祸害;摆脱他们需要时间,但是公社却没有这样的时间。

公社简直是奇迹般地改变了巴黎的面貌! 第二帝国的那个花花世界般的巴黎消失得无影无踪。巴黎不再是不列颠的大地主、爱尔兰的在外地主[85]、美利坚的前奴隶主和暴发户、俄罗斯的前农奴主和瓦拉几亚的大贵族麇集的场所了。尸体认领处里不再有尸体了,夜间破门入盗事件不发生了,抢劫也几乎绝迹了。事实上自从1848年2月的日子以来,巴黎街道第一次变得平安无事,而且

---

① 让·普里尔,教名布朗舍。——编者注

不再有任何类型的警察。有一个公社委员说：

> "我们再也听不到杀人、偷盗和人身袭击事件；看来真好像警察已经把他们所有的保守派朋友一起带到凡尔赛去了。"①

荡妇们已经跟在她们的庇护者——那些家庭、宗教、尤其是财产的卫士们的屁股后头跑掉了。没有了荡妇们，真正的巴黎妇女又出现在最前列，她们像古典古代的妇女那样具有英勇、高尚和献身的精神。努力劳动、用心思索、战斗不息、流血牺牲的巴黎——它在培育着一个新社会的同时几乎把大门外的食人者忘得一干二净——正放射着它的历史首创精神的炽烈的光芒！

与巴黎这个新世界相对峙的是凡尔赛的旧世界。看看这个旧世界吧——这是个由来自所有死亡了的旧体制的食尸鬼组成的议会。食尸鬼就是渴望撕食民族尸体的正统派和奥尔良派[8]。还有一个尾巴，这就是陈腐的共和派。这些共和派以出席国民议会来表示他们对奴隶主叛乱的支持；他们把他们的议会制共和国得以维持下去的希望，寄托于那个充当着共和国首脑的老骗子的虚荣心；他们十分可笑地学着1789年的样子，在 Jeu de Paume② 举行他们的令人毛骨悚然的会议。这个代表法国一切死亡事物的议会，只是靠着路易·波拿巴的将军们的军刀的支持，才得以维持住生命的假象。巴黎全是真理；凡尔赛全是谎言，是出自梯也尔之口的谎言。

---

① 保·拉法格《巴黎访问记。4月7—18日》，载于1871年4月24日《波尔多论坛报》。——编者注

② 恩格斯在1871年德文版上加了一个注："网球场，国民议会于1789年在这里通过了著名的决议。'——编者注

梯也尔对塞纳-瓦兹省的区长代表团说：

"你们可以信赖我的话，我**从来**不食言。"①

他竟对这个议会说，"它是法国从未有过的最自由地选出的最开明的议会"②；他对他的杂牌军队说，他们是"世界的瑰宝，是法国从未有过的一支最优秀的军队"；他对外省说，传言他下令轰击巴黎纯属无稽之谈：

"如果曾经打了几发炮弹，那也不是凡尔赛军队打的，而是一些叛乱者为了假装他们在作战才打的，可是实际上他们连头都不敢露出来。"③

后来他又对外省宣称：

"凡尔赛的炮兵不是轰击巴黎，而只是向它开了几炮。"④

他对巴黎大主教⑤说，硬说凡尔赛军队曾执行大批处决和进行报复(！)，这全是胡扯。他对巴黎说，他只是想"把巴黎从可憎的暴君压迫下解放出来"⑥，说公社的巴黎实际上"不过是一小撮罪犯"。

---

① 阿·梯也尔《致市长、副市长、市参议员大会委员会的声明》，载于1871年4月28日《号召报》第684号。——编者注
② 阿·梯也尔《1871年4月27日在国民议会的演说》，载于1871年4月29日《号召报》第685号。——编者注
③ 《梯也尔先生的通告》，载于1871年4月19日《复仇者报》第21号。——编者注
④ 《市镇通报……》，载于1871年5月6日《号召报》第692号。——编者注
⑤ 若·达尔布瓦。——编者注
⑥ 阿·梯也尔《关于穆兰-萨凯的公报。1871年5月4日于凡尔赛》，载于1871年5月6日《号召报》第692号。——编者注

梯也尔先生的巴黎并不是"群氓"的真正的巴黎,而是幽灵的巴黎,francs-fileurs[86]的巴黎,男女闲荡者的巴黎,富人的、资本家的、花花公子的、无所事事者的巴黎。这个巴黎目前正带着它的奴仆、骗子、文痞、荡妇麇集在凡尔赛、圣但尼、吕埃和圣日耳曼;这个巴黎认为内战不过是惬意的消遣,它从望远镜中观赏战斗的场面,计算放炮的次数,用自己的以及自己的娼妇们的名誉赌咒发誓说,这里上演的戏要比圣马丁门剧场中的精彩得多。被打死者真的死了,伤者的惨叫声也是实实在在的惨叫,而且这整个事件具有如此深刻的历史意义①。

这就是梯也尔先生的巴黎,正像逃到科布伦茨[87]的那帮人是卡龙先生的法国一样。

---

① 在 1871 年和 1891 年的德文版中是"具有何等的世界历史意义啊!"
　　——编者注

四

　　奴隶主阴谋用普鲁士军队的占领来制服巴黎的第一次企图,因俾斯麦的拒绝而没有得逞。3 月 18 日第二次企图制服巴黎,结果是军队溃败和政府逃往凡尔赛,政府并命令全部行政机关也停止工作,随之出逃。梯也尔假装同巴黎议和,借以争取时间准备对巴黎作战。但是到哪里去搜罗军队呢? 战斗团的残部人数很少,而且不可靠。梯也尔向外省发出紧急呼吁,要求派国民自卫军和志愿军前去增援凡尔赛,但是遭到断然拒绝。只有布列塔尼派去了一小撮朱安兵[88],他们作战时打着白旗,每人胸前佩戴着用白布做成的耶稣圣心,口里呼喊着"Vive le Roi!"(国王万岁!)。这样,梯也尔就只好匆忙纠集一群杂牌队伍,其中有水兵、海军陆战队士兵、教皇的朱阿夫兵[89]、瓦朗坦手下的宪兵以及皮埃特里手下的警察和密探。可是这支军队要不是补充了一批批的帝国被俘兵员,那就会毫无用处而令人觉得可笑。俾斯麦准予放回被俘兵员的人数,刚好既够打内战之用,又足以保持凡尔赛政府对普鲁士的屈从和依赖。真正打起来,凡尔赛的警察还得照应凡尔赛的军队,而在一切危险的地方,都是宪兵打头阵,拖着军队前进。陷落的炮台不是夺来的,而是买通的。公社战士的英雄气概向梯也尔表明,凭他自己的谋略和他所掌握的武装力量,巴黎的抵抗是无法击破的。

与此同时,他和外省的关系越来越紧张了。没有接到一份可以使梯也尔和他的乡绅议员⁵¹们高兴的表示拥护的宣言。恰恰相反。来自四面八方的代表团和宣言,都是用很不尊敬的口气坚决要求同巴黎和解,而和解的基础是毫不含糊地承认共和国,确认公社规定的各项自由权利,解散任期已满的国民议会。代表团和宣言是如此之多,致使梯也尔的司法部长杜弗尔在4月23日给国家的检察官们的通令中命令他们把"呼吁和解"当做罪行查办!然而梯也尔看到进攻巴黎没有希望,于是决定改变策略,下令在4月30日按照他自己叫国民议会通过的新市镇法在全国进行市镇选举。一方面有他那些省长玩弄阴谋手段,另一方面有警察机关进行威胁恫吓,这使他满怀希望地认为:外省作出的裁决会赋予国民议会以前所未有的道义力量,并且他最终定会从外省取得征服巴黎的物质力量。

梯也尔一开始就竭力想在进行他的这场在他自己的公报³¹中备受赞美的反对巴黎的强盗战争的同时,在他的部长们企图在全法国建立恐怖统治的同时,表演一出和解小戏。这出小戏要达到几个目的:蒙蔽外省视听,诱骗巴黎的中等阶级分子,而最主要的是使国民议会中的冒牌共和党人能够以对梯也尔的信任掩盖他们对巴黎的背叛。梯也尔在3月21日,即在他还没有军队的时候,对国民议会声明说:

"不管发生什么情况,我决不派军队到巴黎去。"①

———————

① 阿·梯也尔《1871年3月21日在国民议会的演说》,载于1871年3月23日《每日新闻》第7768号。——编者注

3 月 27 日,他又站起来说:

"我发现共和国已是既成事实,我坚决维护它。"①

实际上,他用共和国的名义镇压了里昂和马赛的革命**90**,而他的乡绅议员们在凡尔赛只要一听到"共和国"这个词就要把它淹没在狂吼声中。他作出这番勋业之后,就把"既成事实"降低为假定事实。奥尔良王室子弟原是他为慎重起见从波尔多打发走的,现在他明目张胆地破坏法律,准许他们在德勒从事阴谋活动了。梯也尔在同巴黎和外省代表们无休止的会见当中所作出的让步——尽管谈话的口气和腔调总是随着时间和情况而变化——实际上从来没有超出这样一个承诺:将来的报复对象仅限于:

"那一小撮与杀害勒孔特和克莱芒·托马有关的罪犯",②

而且还有一个不言而喻的前提,即巴黎和法国要无条件地承认梯也尔先生本人就是最好不过的共和国,就像他在 1830 年对待路易-菲力浦那样。然而,就连这种让步,他也竭力通过他的部长们在国民议会进行的官方解释而使之暧昧不明。不仅如此,他还让他的那位杜弗尔行动起来。杜弗尔,这个老牌奥尔良派律师,在历次戒严时期都充当最高法官;如今 1871 年梯也尔掌权时是如此,1839 年路易-菲力浦在位时和 1849 年路易·波拿巴任总统时也

---

① 《梯也尔先生的宣言》,载于 1871 年 4 月 1 日《爱尔兰人报》第 13 卷第 39 期。——编者注

② 阿·梯也尔《1871 年 4 月 27 日在国民议会的演说》,载于 1871 年 4 月 29 日《号召报》第 685 号。——编者注

是如此[91]。他在不担任部长职务时,曾以替巴黎资本家辩护而大发横财,以反对出自他自己之手的法律来捞取政治资本。现在他不仅赶快在国民议会通过一批镇压性的法律,以便在巴黎陷落后用来消灭法国共和制自由的最后残余[92],他还把对他说来太缓慢的军事法庭审判程序加以简化[93],并且新炮制出一部严酷的流放法,以此预示巴黎未来的命运。1848 年革命取消了对政治犯的死刑,而代之以流放。路易·波拿巴没有敢恢复,至少是不敢公开恢复断头机的统治。乡绅议会甚至还不敢暗示巴黎人不是造反者而是杀人犯,所以它只得把将来对巴黎进行报复的手段局限于杜弗尔的新流放法。在此种情况下,如果梯也尔的和解滑稽剧不是按照他的意图引起乡绅议员们的一片怒吼声,他的这出滑稽剧就演不下去了。那些乡绅议员百思不得其解,他们既没有领会这套把戏,又不懂得玩弄这套把戏非用伪善、狡辩、拖延这样一些手法不可。

梯也尔鉴于 4 月 30 日的市镇选举在即,便于 4 月 27 日做了一次精彩的和解表演。他在国民议会讲坛上大讲假惺惺的漂亮话的时候,慷慨激昂地说道:

"只有巴黎的阴谋是反对共和国的阴谋,巴黎的阴谋迫使我们让法国人流血。我要再三重复说:让那些举起邪恶武器的人放下他们的武器吧,那我们就会立即通过和平协议停止惩罚,只有那一小撮罪犯另当别论。"①

他对那些大喊大叫地打断他讲话的乡绅议员说:

"诸位先生,我恳求你们告诉我,难道我说的不对吗?难道你们听见我如

---

① 阿·梯也尔《1871 年 4 月 27 日在国民议会的演说》,载于 1871 年 4 月 29 日《号召报》第 685 号。——编者注

实地说明罪犯不过是一小撮人,真的觉得遗憾吗?忍心杀害克莱芒·托马和勒孔特将军的人只是罕有的例外,这难道不是不幸中之万幸吗?"①

然而,法国对于梯也尔这一番自以为像海上女妖歌声那样动听的议会讲话置若罔闻。在法国尚存的 35 000 个市镇所选出的 70 万名市议员中,联合起来的正统派、奥尔良派和波拿巴派**8**总共还占不到 8 000 人。在后来的补充选举中他们更是受到绝对的敌视。这样,国民议会不但没有从外省方面得到它迫切需要的物质力量,而且连最后一点道义力量,即作为这个国家普选权体现者的资格也丧失了。而意味着它彻底失败的是,法国所有城市新选出的市议会给凡尔赛的这个篡权的国民议会以公开的威胁,即决定在波尔多召集一个与之针锋相对的国民议会。

对俾斯麦而言,期待已久的采取决定性行动的时刻已经到来。他向梯也尔发号施令,要他派全权代表到法兰克福去签订最后的和约。梯也尔卑躬屈膝地遵从自己主子的吩咐,急忙派出了自己的亲信茹尔·法夫尔并以普耶-凯尔蒂埃做他的助手。普耶-凯尔蒂埃是鲁昂"鼎鼎大名的"棉纺厂厂主,是第二帝国**9**的狂热的甚至奴颜婢膝的拥护者,对他说来,第二帝国是无可挑剔的,只有一事例外,即帝国同英国签订过损害他这个企业家利益的商约**94**。他在波尔多刚一当上梯也尔的财政部长,马上就抨击这个"邪恶的"条约,暗示这个条约很快就会被废除。他甚至厚颜无耻地试图——虽然未能做到(因为做此盘算时没有请示俾斯麦)——立即对阿尔萨斯实行旧的保护关税,据他说那里没有任何旧有的国

---

① 阿·梯也尔《1871 年 4 月 27 日在国民议会的演说》,载于 1871 年 4 月 29 日《号召报》第 685 号。——编者注

际条约妨碍这样做。此人把搞反革命看做在鲁昂降低工资的手段,把割让法国两省看做在法国抬高他的货物价格的手段。**这种人岂不是注定要被梯也尔挑选为茹尔·法夫尔的助手去完成他最后的卖国大业吗?**

这绝妙的一对全权代表一到法兰克福,盛气凌人的俾斯麦立即粗暴地要他们二者择一:"或者是恢复帝国,或者是无条件地接受我的媾和条件!"他的条件里有这样的内容:缩短战争赔款分期交付的期限,并由普鲁士军队继续占领巴黎各炮台,直到将来俾斯麦对法国形势感到满意时为止。这样一来,普鲁士就被承认为法国内政的最高主宰者。作为回报,俾斯麦愿释放被俘的波拿巴兵员去消灭巴黎,并调派威廉皇帝的军队直接援助他们。为了保证不食言,他把赔款第一期交付时间推到"平定"巴黎之后。梯也尔和他的全权代表们当然贪馋地急忙吞下了这一钓饵。5 月 10 日,他们在和约上签了字;5 月 18 日,他们就让凡尔赛国民议会批准了这个条约。

从缔结和约到被俘的波拿巴兵员返回这一段时间,梯也尔觉得更加需要把他的和解滑稽剧继续演下去,因为他的共和党走卒们极需要一个借口,以便装做看不见为血洗巴黎而进行的准备。直到 5 月 8 日,他还对一个主张和解的中等阶级代表团说:

"只要暴乱者决定投降,巴黎的城门就可以对一切人洞开一个星期,唯有杀害克莱芒·托马和勒孔特两将军的凶手除外。"①

---

① 阿·梯也尔《1871 年 5 月 11 日在国民议会的演说》,载于 1871 年 5 月 12 日《法兰西共和国公报》第 132 号。——编者注

几天以后,当他为此诺言而遭到乡绅议员们激烈质问时,他避而不作任何解释,但意味深长地暗示说:

"我对你们说,你们当中有些缺乏耐心的人,未免太性急了。这些人还得再忍耐一个星期。一个星期以后就不会再有什么危险,那时就会有与他们的勇气和能力相称的任务了。"①

当麦克马洪刚刚有把握向梯也尔保证很快就进入巴黎时,梯也尔立即对国民议会宣称,他

"将手持**法律**进入巴黎,要向那些牺牲了士兵生命和毁坏了公共纪念物的恶棍们彻底讨回这笔债"。②

当决定的时刻临近时,他对国民议会说:"我将毫不留情!"③他对巴黎说,它末日将临;对自己的那些波拿巴强盗们说,政府准许他们任意向巴黎复仇。最后,在叛徒已于5月21日给杜埃将军打开了巴黎城门的情况下,梯也尔于5月22日向乡绅议员们揭开了他们先前无论如何也悟不出的他那出和解滑稽剧的"目的":

"几天前我对你们说过,我们正在接近**我们的目的**;今天我来告诉你们吧,**这个目的**已经达到。秩序、正义和文明终于获得胜利!"③

确实如此。每当资产阶级秩序的奴隶和被压迫者起来反对主

---

① 阿·梯也尔《1871年5月11日在国民议会的演说》,载于1871年5月12日《法兰西共和国公报》第132号。——编者注

② 阿·梯也尔《1871年5月22日在国民议会的演说》,载于1871年5月23日《法兰西共和国公报》第143号。——编者注

③ 阿·梯也尔《1871年5月24日在国民议会的演说》,载于《国民议会年鉴》1871年巴黎版第3卷。——编者注

人的时候,这种秩序的文明和正义就显示出自己的凶残面目。那时,这种文明和正义就是赤裸裸的野蛮和无法无天的报复。占有者和生产者之间的阶级斗争中的每一次新危机,都越来越明显地证明这一事实。和1871年的无法形容的罪恶比起来,甚至资产阶级的1848年6月的暴行[44]也要相形见绌。巴黎全体人民——男人、妇女和儿童——在凡尔赛军队开进城内以后还战斗了一个星期的那种自我牺牲的英雄气概,反映出他们事业的伟大,而士兵们穷凶极恶的暴行则反映出雇用他们作为保镖的那个文明所固有的精神。这种为处置自己在战事结束后的杀戮中留下的成堆尸体而感到困难的文明,真是光辉灿烂的文明啊!

要想找到可以同梯也尔和他那些嗜血豺狼的行为相比拟的东西,必须回到苏拉和罗马前后三头执政的时代[95]去。同样是冷酷无情地大批杀人;同样是不分男女老幼地屠杀;同样是拷打俘虏;同样是发布公敌名单,不过这一次被列为公敌的是整个一个阶级;同样是野蛮地追捕躲藏起来的领袖,使他们无一幸免;同样是纷纷告发政治仇敌和私敌;同样是不惜杀戮根本和斗争无关的人们。不同处只在于罗马人没有机关枪来大规模地处决公敌,他们没有"手持法律",也没有口喊"文明"罢了。

看了这一切恐怖景象之后,现在再来看一看这种资产阶级文明由它自己的报刊所描绘的另一副更加丑恶的面貌吧。

伦敦的一家托利党[96]报纸[97]驻巴黎记者写道:

"远处还响着零星的枪声;濒临死亡的可怜的受伤者躺在拉雪兹神父墓地的墓石之间无人照管;6 000个惊恐万状的暴乱者,在迷宫似的墓地地道中绝望地转来转去;沿街奔跑的不幸的人们,被机关枪大批地射杀。在这样的时候令人看了气愤的是,咖啡馆里挤满了爱好喝酒、打弹子、玩骨牌的人,荡妇们在林荫道上逛来逛去,纵酒狂欢的喧嚷声从豪华酒楼的雅座里传出来,打破深夜的寂静!"①

　　爱德华·埃尔韦先生在曾被公社查禁的一家凡尔赛报纸《巴黎报》**[98]**上写道:

　　"巴黎居民〈!〉昨天表现他们的欢乐的方式有些太轻佻了,我们担心以后还会越来越糟。巴黎笼罩着节日的气氛,这实在不协调,令人难过;要是我们不想被叫做堕落时代的巴黎人,就必须消除这种现象。"②

　　接着,他引用了塔西佗的一段话:

　　"可是,在这场可怕的斗争的第二天早晨,甚至在斗争还没有完全结束的时候,堕落和腐败的罗马就又开始沉湎于毁坏其躯体、玷污其灵魂的酒色之中了。——alibi proelia et vulnera,alibi balneae popinaeque(这里是战斗和创伤,那里是澡堂和酒楼)。"③

　　埃尔韦先生只是忘记说,他提到的"巴黎居民"仅仅是梯也尔的巴黎的居民,是从凡尔赛、圣但尼、吕埃和圣日耳曼蜂拥返回的那些francs-fileurs**[86]**,也就是已经"没落"的**那个**巴黎。

　　这个建立在劳动奴役制上的罪恶的文明,每次血腥地战胜了为实现美好新社会而献身的斗士时,都要把牺牲者的呻吟淹没于在世界各地都可听到回音的大喊大叫的诽谤声中。工人们的平静的巴黎,公社的巴黎,突然被那帮"秩序"恶狗变成了地狱。这一惊人巨变在世界各国资产阶级看来证明了什么呢? 竟然证明公社

---

① 1871 年 6 月 2 日《旗帜报》第 14613 号刊登的《暴动之结局》,这段话转引自爱·埃尔韦发表在 1871 年 5 月 31 日《巴黎报》第 138 号的文章。——编者注
② 1871 年 5 月 31 日《巴黎报》第 138 号。——编者注
③ 塔西佗《历史》第 3 篇第 83 章。——编者注

阴谋反对文明！为公社慷慨赴死的巴黎人，数目之多超过历史上的任何战斗。这证明什么呢？竟然证明公社不是人民自己当家做主，而是一小撮罪犯篡夺政权！巴黎妇女在街垒旁和刑场上都是视死如归。这证明什么呢？竟然证明公社恶魔把她们变成了麦格拉和赫加特！公社在处于绝对统治地位的两个月内表现得十分温和宽厚，而与此形成对照的是，它在保卫战中则表现得英勇无比。这证明什么呢？竟然证明两个月内公社只是在小心翼翼地用温和宽厚和人道精神的假面具掩盖其凶残的嗜血本性，好让这种嗜血本性在垂死挣扎时发泄出来！

工人的巴黎在英勇地自我牺牲时，也曾把一些房屋和纪念碑付之一炬。既然无产阶级的奴役者们对无产阶级刀砍斧劈，那他们就休想在得胜后回到他们的完好无损的住宅里去。凡尔赛政府叫喊道："这是纵火！"同时悄悄地示意它所有的、直至远在穷乡僻壤的走卒，要他们在各个地方把它的敌人都当做专事纵火的嫌疑犯加以搜捕。全世界的资产阶级看着战斗结束后的大屠杀感到开心，而对人们"亵渎"砖瓦和灰泥却万分愤怒！

有的政府正式准许自己的海军实行"杀、烧、毁"，这是不是准许纵火？英国军队随心所欲地火烧华盛顿的国会大厦和中国皇帝的夏宫[99]，这是不是纵火？普鲁士人不是为了军事上的理由，而只是为了报复泄愤，就用煤油烧毁了许多像沙托丹那样的城市和无数村庄，这是不是纵火？梯也尔炮轰巴黎达六个星期之久，借口是他只想把里面有人的房屋烧毁，这是不是纵火？在战争当中，火像任何其他武器一样，也是合法的武器。轰击敌人占据的房屋，是为了把这些房屋烧毁。防御者不得不撤离这些房屋时，他们自己就把这些房屋付之一炬，使敌人不能利用这些房屋来进攻。妨碍世界上任何正规军作战的一切房屋,都是不免要被烧毁的。可是,在被奴役者反对奴役者的战争中,在这场有史以来唯一合理的战争中,这个道理竟不适用!公社严格地把火用做防御的手段。它使用火是为了封锁欧斯曼特意为便于开炮而打通的那些又长又直的街道,使凡尔赛军队无法进入;它使用火是为了掩护自己撤退,而凡尔赛军队使用火炮却是为了进攻,他们用炮弹破坏的房屋并不比公社用火烧毁的少。究竟哪些房屋是防御者烧毁的,哪些是进攻者烧毁的,直到现在还有争论。况且防御者只是在凡尔赛军队已经开始大批杀害俘虏时,才使用火。再者,公社早就公开宣布过,公社一旦被逼到绝境,就会把自身埋葬在巴黎的废墟中,并把巴黎变成第二个莫斯科[100]。国防政府也曾说过要这样做,为此,特罗胥还给它准备了煤油。但它这样说只是为了掩盖自己的叛变。公社知道,它的敌人毫不爱惜巴黎人民的生命,却十分爱惜他们自己在巴黎的住宅。而另一方面,梯也尔已经宣布说他将毫不留情地进行报复。当他这边刚一把军队准备好,同时普鲁士人那边刚一把各出口截断,他就立刻宣布说:"我决不会手软!抵罪要彻底,审判要严厉!"如果说巴黎工人的行为是汪达尔行为[101]的话,那么这是誓死防御的汪达尔行为,而不是在胜利后干出的汪达尔行为,如基督徒对待异教世界真正无价的古代艺术珍品所采取的那种行为。就是这后一种汪达尔行为,也有历史学家为之辩护,他们认为这是正在诞生的新社会与正在崩溃的旧社会之间所进行的伟大斗争中不可避免和较为次要的伴生现象。巴黎工人所做的更不是欧斯曼为了给游手好闲者的巴黎腾出地盘而把历史的巴黎夷为平地的那种汪达尔行为!

可是,公社处死了以巴黎大主教①为首的 64 个人质啊！资产阶级及其军队在 1848 年 6 月恢复了枪毙没有自卫能力的俘虏这一早已绝迹的战争惯例。自此以后在欧洲和印度,凡是镇压民众动乱的时候,就都不同程度地严格照此野蛮惯例行事了。这证明它真是"文明的一个进步"！另一方面,普鲁士人在法国曾恢复扣留人质的做法——硬要一些无辜的人用自己的性命去为别人的行为负责。既然,如我们所看到的,梯也尔从冲突一开始时就采取了枪杀公社方面被俘人员的人道做法,公社就不得不为保护这些被俘者的生命而采用了普鲁士人扣留人质的做法。这些人质中已经接连有人因凡尔赛方面不断枪杀俘虏而丧命。在麦克马洪的御用军**102**为庆祝自己开进巴黎而进行了大屠杀以后,他们怎么还能再保住性命呢？难道连这一遏制资产阶级政府肆无忌惮的暴行的最后办法——扣留人质——也只应当是装装样子吗？杀死大主教达尔布瓦的真正元凶是梯也尔。公社曾再三提议以大主教,而且还加上许多个教士,来交换当时被梯也尔扣押的布朗基一人。梯也尔顽固地拒不接受。他知道,放走布朗基就是给公社一个首脑,而大主教则在成为死尸之后对他最有用。梯也尔仿效了卡芬雅克的先例。在 1848 年 6 月,卡芬雅克和他那些秩序人物不就是通过污蔑起义者是杀害大主教阿弗尔的凶手而掀起了一片义愤填膺的喧嚣吗？他们心里很清楚,大主教是被秩序党的士兵们枪杀的。当时在场的大主教的代理雅克美先生事后立刻向他们提交了证词。

秩序党在他们的血腥闹宴上总是少不得要对自己的受害者大肆诽谤一番。这一切诽谤只是证明:现代资产者已把自己看

---

① 若·达尔布瓦。——编者注

做旧封建主的合法继承人。旧封建主认为自己用任何武器镇压平民都是正当的,而平民拥有武器,不论什么样的武器,都是犯罪。

统治阶级利用外国侵略者支持的内战来镇压革命的阴谋,即我们所一步步追述的从9月4日这一天起直到麦克马洪的御用军进入圣克卢门为止的这场阴谋,以巴黎的大屠杀告终。俾斯麦满意地望着巴黎的废墟。当他还只是1849年普鲁士无双议院**103**中一名普通的乡绅议员时就盼望着把大城市都加以消灭。现在他大概认为巴黎变为废墟就意味着他的这一愿望的初步实现。他满意地望着巴黎无产者的尸体。在他看来,这不但是革命被消灭,而且也是法国的灭亡,这个法国现在已经真正被砍掉了头颅,而且是由法国政府自己砍掉的。他和一切飞黄腾达的政治家一样,目光短浅,看到的只是这一巨大历史事件的外表。历史上何曾有过战胜者不仅为战败政府充当宪兵,而且还充当受雇杀手以求胜利完美无缺这种怪事?普鲁士和巴黎公社之间没有发生过战争。相反,公社接受了初步和约,普鲁士宣布了中立。因此普鲁士不是交战一方。它扮演了杀手的角色,而且是一个怯懦的杀手,因为这不会带来危险;它是一个受雇的杀手,因为事先商定了巴黎陷落后要付给它5亿行凶酬金。这样,上天为惩罚不信神的荒淫堕落的法国而授命虔诚的仁义道德的德国进行的那场战争,其真正的性质终于暴露无遗了!这种甚至在旧世界的法学家看来也是空前违反国际法的行为,并未能提醒欧洲的那些"文明"政府把纯系圣彼得堡内阁傀儡的罪恶的普鲁士政府宣布为各国之公敌,却只是促使它们去琢磨要不要把为数很少的逃出巴黎双重包围圈的受害者送交凡尔赛的刽子手!

在现代最惊心动魄的这场战争结束后胜败两军联合起来共同杀戮无产阶级这样一个史无前例的事件,并不是像俾斯麦所想的那样,证明正在崛起的新社会被彻底毁灭了,而是证明资产阶级旧社会已经完全腐朽了。旧社会还能创造的最高英雄伟绩不过是民族战争,而这种战争如今被证明不过是政府用来骗人的东西,意在延缓阶级斗争,一旦阶级斗争爆发成内战,这种骗人的东西也就会立刻被抛在一边。阶级的统治再也不能拿民族的军服来掩盖了;面对无产阶级,各民族政府乃是**一体**!

在1871年的圣灵降临节[104]以后,法国工人和他们的劳动产品占有者之间,已经既不能有什么和平,也不能有什么停战了。雇佣军的铁腕可能暂时把这两个阶级都压服一下。但是,斗争定会一次又一次地爆发,规模也将越来越大,最终谁将取得胜利——是少数占有者还是绝大多数劳动者——那是非常清楚的。而法国工人阶级还只是整个现代无产阶级的先锋队。

欧洲各国政府在巴黎面前显示了阶级统治的国际性,可是它们却大骂国际工人协会[13],把这个与之对立的、反对全世界资本阴谋的国际劳动组织说成是所有这一切灾难的总根源。梯也尔指责这个组织是劳动的暴君,而自己却装成劳动的解放者。皮卡尔下令将法国的国际会员同国外的国际会员之间的一切联系切断;梯也尔的1835年的同谋者,那个已成为老古董的若贝尔伯爵声称,铲除国际是所有文明国家政府的大事。乡绅议员们对国际狂吼,全欧洲的报刊都随声附和。有一位同我们协会毫无关系的可敬的法国作家这样说:

"国民自卫军中央委员会委员和大部分公社委员,都是国际工人协会的最积极、最有见识、最刚毅的人物…… 这些人都百分之百地正直、真挚、聪明、忠诚、纯洁、狂热——**正面**意义上的狂热。"①

在颇有几分警察头脑的资产阶级心目中,国际工人协会自然是以密谋方式活动的,其中央机构不时命令在各个国家制造事端。实际上,我们的协会只是文明世界各国最先进的工人之间的国际纽带。无论在何处,在何种形式或何种条件下,只要进行着阶级斗争,自然总是我们协会的会员站在最前列。产生这个协会的土壤就是现代社会本身。无论屠杀多少人,都不能把这个协会铲除。要铲除它,各国政府必须铲除资本对劳动的专横统治,即铲除它们自身的寄生虫生活的条件。

工人的巴黎及其公社将永远作为新社会的光辉先驱而为人所称颂。它的英烈们已永远铭记在工人阶级的伟大心坎里。那些扼杀它的刽子手们已经被历史永远钉在耻辱柱上,不论他们的教士们怎样祷告也不能把他们解脱。

总 委 员 会:

马·詹·布恩	弗·布拉德尼克
G.H.巴特里	凯希尔
德拉埃	威廉·黑尔斯
阿·埃尔曼	科尔布
弗·列斯纳	罗赫纳
约·帕·麦克唐奈	乔治·米尔纳

---

① 让·罗比耐《有关法兰西和巴黎当前局势的政治笔记》1871 年伦敦版。——编者注

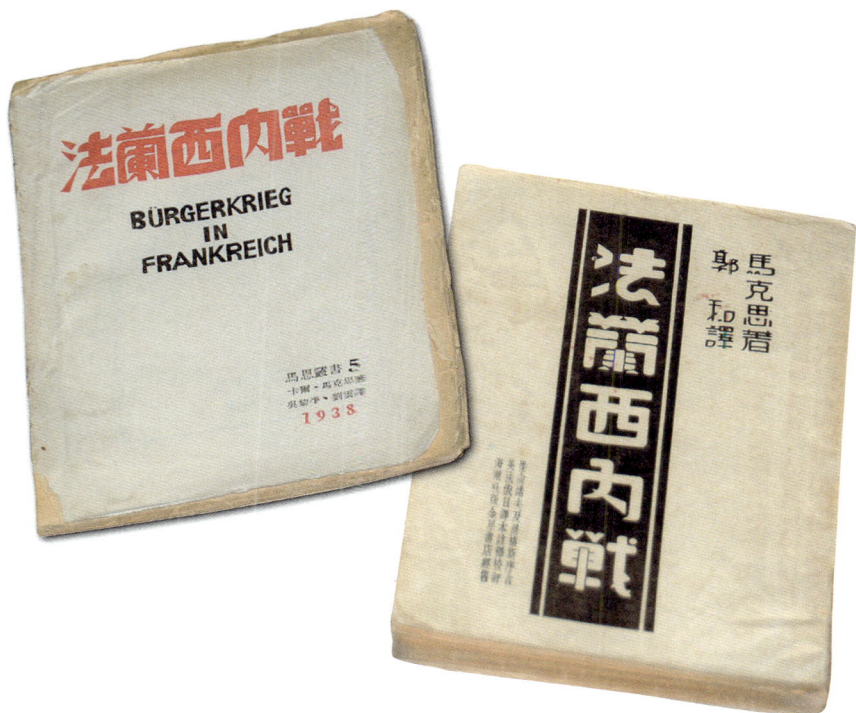

1938 年延安解放社和 1935 年上海海潮社出版的《法兰西内战》中译本

托马斯·莫特斯赫德　　　　　查·米尔斯

查理·默里　　　　　　　　　普芬德

罗奇　　　　　　　　　　　　罗沙

吕尔　　　　　　　　　　　　萨德勒

奥·赛拉叶　　　　　　　　　考埃尔·斯特普尼

阿尔弗勒德·泰勒　　　　　　威廉·唐森

通 讯 书 记:

欧仁·杜邦 ………………………法国

卡尔·马克思 ……………………德国和荷兰

弗·恩格斯 ………………………比利时和西班牙

海尔曼·荣克 ……………………瑞士

P.乔瓦基尼 ………………………意大利

捷维·莫里斯 ……………………匈牙利

安东尼·扎比茨基 ………………波兰

詹姆斯·科恩 ……………………丹麦

约·格·埃卡留斯 ………………美国

执行主席　海尔曼·荣克

财务委员　约翰·韦斯顿

财务书记　乔治·哈里斯

总 书 记　约翰·黑尔斯

1871 年 5 月 30 日于伦敦西中央区
海-霍耳博恩街 256 号

附　　录

一

　　"一队囚犯在乌里克大街停下，在人行道上脸朝马路站成四五排。将军加利费侯爵和他的参谋下了马，从左端开始巡视。将军慢慢地走动，审视着行列，时而在这里，时而在那里停下来，在某一个人的肩膀上拍一下，或是向某一个站在后排的人招招手要他出列。这样挑选出来的人，多半不再多问就被赶到马路中心去，那里很快就又形成了一个小队…… 很明显，这里出错的可能性很大。一个骑在马上的军官把一个男人和一个女人指给加利费将军，告诉他他们犯了什么罪。那个女人连忙从行列里冲出来，跪倒在地伸出双手，用痛切的言语申诉自己的无辜。将军停了一会，然后带着毫无表情的面孔和无动于衷的神情说道：'夫人，巴黎的所有戏院我都去过，你不必在此表演了（ce n'est pas la peine de jouer la comédie）'…… 在这一天，谁要是比自己的近邻显然长得高一些，穿得脏一些或者干净一些，年长一些或者是相貌丑一些，那可不是好事。特别是有一个人，我发现他大概就是因为有一个受过伤的鼻子而迅速摆脱了人世的烦恼…… 这样挑出了一百多人并且指定了行刑队，然后那队囚犯又继续前进，而挑出的人则被留在后面。过了几分钟，在我们后面开始听到断断续续的枪响，历时一刻钟以上。这是把那些被仓促定罪的不幸者处决了。"（《每日新闻》[105]驻巴黎记者6月8日报道）

　　这位加利费，即"靠自己那位因在第二帝国[9]闹宴上无耻卖弄色相而出名的妻子吃饭的人"，在战时曾有法国的"毕斯托军曹"之称。

　　"《时报》[106]——一家立论谨慎而不求耸人听闻的报纸——登载过一条可怕的消息，说有些人被枪击并未当场毙命，在气绝身亡之前就被埋掉了。

圣雅克-拉-布希埃尔附近的广场埋了很多人,有的埋得很浅。白天街上的嘈杂声使人们无所察觉,但是到夜深人静的时候,这一带的居民常被隐约传来的呻吟声惊醒,到早晨,他们看见地里伸出了一只握得紧紧的拳头。因此,当局下令把被掩埋的人挖出来……　我丝毫也不怀疑,有许多受伤的人被活埋了。有一件事我可以证实。布吕内尔同他的情妇一起于上月 24 日在旺多姆广场的一座庭院中被枪杀,尸体在那里一直放到 27 日午后。掩埋队来抬走尸体的时候,发觉这个女人还活着,于是把她送到救护站。虽然她身中四颗子弹,可是现在她已经没有生命危险了。"(《旗帜晚报》**97**驻巴黎记者 6 月 8 日报道)

二

6 月 13 日的《泰晤士报》**68**登载了如下一封信**107**:

致《泰晤士报》编辑

先生:

1871 年 6 月 6 日,茹尔·法夫尔先生向欧洲各大国发出了一个通告,呼吁它们清除国际工人协会**13**。只需三言两语就足以说明这个文件的性质。

我们章程的前言中已经指出,国际是"1864 年 9 月 28 日在伦敦朗-爱克街圣马丁堂举行的公开大会上"①成立的。茹尔·法夫尔出于他个人的目的,把国际成立日期提早到 1862 年以前。

为了解释我们的原则,他说他引证了"他们〈国际〉1869 年 3

① 　参看《马克思恩格斯全集》中文第 2 版第 21 卷第 17 页。——编者注

月 25 日的传单"。可他实际上引证的是什么呢？是一个并非国
际的团体的传单。这种伎俩，当他还是一个较为年轻的律师，替那
家被卡贝控以诽谤罪的巴黎《国民报》[59]作辩护时，就曾经采用
过。当时他假装宣读从卡贝的小册子里摘出的一些话，实际上他
读的是他自己加进去的东西。这一欺骗行为在法庭上被揭穿，要
不是卡贝的宽容，茹尔·法夫尔就要受到开除出巴黎律师公会的
惩罚。茹尔·法夫尔用来作为国际文件引证的一切文件，没有一
件是属于国际的。例如，他说：

> "如 1869 年 7 月在伦敦建立的总委员会所说，同盟宣布自己是无神论的
> 团体。"

总委员会从未发表过这样一个文件。相反，它发表了一个将
同盟即日内瓦的社会主义民主同盟最初的章程——也就是茹尔·
法夫尔引证的那个章程——宣布为无效的文件①。

茹尔·法夫尔在他这个也装出一些反对帝国样子的通告中，
从头到尾都只是重复帝国检察官那套警察式的奇谈怪论来反对国
际，这些奇谈怪论甚至在帝国自己的法庭上就已被揭穿了。

大家知道，国际总委员会在关于最近这场战争的两篇宣言中
（去年 7 月和 9 月发表的）②，谴责了普鲁士对法国的侵略计划。
后来，茹尔·法夫尔的私人秘书雷特兰热尔先生曾向总委员会的
一些委员请求——自然是徒劳的——由总委员会发动一次反对俾
斯麦、支持国防政府的示威游行；同时特别请求他们不要提及共和

---

① 指马克思起草的通告信《国际工人协会和社会主义民主同盟》，见《马
克思恩格斯全集》中文第 2 版第 21 卷。——编者注
② 见本书第 17—23、24—33 页。——编者注

国。鉴于茹尔·法夫尔预计前来伦敦,有人做了示威游行的准备工作,这当然是出于善意,然而却违背了总委员会的意愿。总委员会在它9月9日的宣言中就曾明确地警告过巴黎工人须防范茹尔·法夫尔和他的同僚。

如果国际也向欧洲各国内阁发出一个通告,谈一谈茹尔·法夫尔,请它们特别注意已故的米里哀尔先生在巴黎公布的文件①,那么茹尔·法夫尔将说些什么呢?

先生,我是您的顺从的仆人

国际工人协会总委员会书记　约翰·黑尔斯

6月12日于伦敦西中央区
海-霍耳博恩街256号

在一篇题为《国际协会及其目的》的文章中,伦敦《旁观者》[108](6月24日)作为虔诚的告密者在玩弄其他许多类似的把戏之余,也把上述"同盟"的文件作为国际的文件加以引证,引证得甚至比茹尔·法夫尔还更完整。而且此事发生于上述的反驳信在《泰晤士报》上发表11天以后。我们对此并不感到惊奇。弗里德里希大帝常说:所有耶稣会[56]会士中最坏的是新教徒里的那些耶稣会会士。

卡·马克思写于1871年4月
中—6月初

1871年6月中以小册子形式在
伦敦出版

原文是英文

选自《马克思恩格斯选集》第3版
第3卷第75—131页

----

① 见本书第38页。——编者注

《法兰西内战》初稿(摘录)

公　　社

公社的产生和中央委员会

色当事件之后,在里昂,然后在马赛、图卢兹等地曾相继宣告成立公社。甘必大用尽了全力加以镇压。**109**

10月初巴黎的种种运动,目的都在于建立公社,借以防御外敌入侵和完成九月四日起义的任务。10月31日的运动**60**没有建成公社,原因只在于布朗基、弗路朗斯和当时运动的其他领袖们相信了这样一些言而有信的人,这些人当时曾信誓旦旦地答应引退下台,让位给由巴黎各区自由选举出来的公社。10月31日的运动之所以失败,还因为它的领袖们救了这些人的命,而这些人却迫不及待地要杀害他们的救命恩人。运动的领袖们允许特罗胥和费里逃脱以后就遭到特罗胥的布列塔尼兵的突袭。应当记住,在10月31日,自封的"国防政府"只是在人民的容忍之下存在着。那时它甚至还未经过一次笑剧般的全民投票。**110**在这种情况下,当然最省事的莫过于歪曲运动的性质,诬蔑它是和普鲁士人串通的阴谋,并且乘他们中间唯一不愿食言的人①去职的机会,任命克莱

---

① 弗·塔米西埃。——编者注

94

芒·托马为国民自卫军总司令以加强特罗胥的布列塔尼兵——这些布列塔尼兵替国防政府干的事同科西嘉兵替路易·波拿巴干的事一样[61];对这些制造恐慌局面的老手们说来,最容易做到的莫过于利用中等阶级对已操主动权的工人营的那种惧怕心理,利用爱国情绪,在各工人营之间散布猜忌与不和,制造一个盲目行动和致命误会的局面,这是他们为保住他们篡夺的政权所一贯使用的手法。既然他们在9月4日以猝不及防的手段窃得了政权,现在他们就能够通过一次像反动恐怖时期那样的真正波拿巴式的全民投票,使这个政权得到伪造的民意批准。

如果1870年11月初在巴黎胜利建成公社(当时,法国各大城市已开始组建,全国各地势将纷纷仿效),那不仅会把卫国事业从卖国贼手里夺取过来,赋予它以激情,就像目前巴黎的英勇战斗所表现的那样,而且会完全改变战争的性质。它会转变成共和主义法国高举19世纪的社会革命旗帜,反抗普鲁士这个侵略和反革命的旗手的战争。结果就可能像电流似的激发起新旧世界的生产者群众,而不致使得一个腐朽不堪的阴谋老手①被派到欧洲的所有宫廷去乞求。由于10月31日的公社**受骗流产**,茹尔·法夫尔一伙人才得以促成法国向普鲁士投降,并且发动了目前这场内战。

但是,有一点很清楚:9月4日的革命不仅意味着由于篡位者②在色当投降,帝位出缺,共和国得以恢复,不仅由于巴黎进行了长期抵抗——虽然是在其敌人领导下战斗——而从外国侵略者手中争得这个共和国。而且,这一革命在工人阶级中正逐步深入人

---

① 阿·梯也尔。——编者注
② 拿破仑第三。——编者注

心。共和国不再是一个过去事物的名称。它孕育着一个新的世界。它的真正倾向虽被一帮狡猾的律师和花言巧语之徒用欺骗、谎言、庸俗的歪曲在世人的眼前加以遮盖,但是却一次又一次地在巴黎(以及法国南部)工人阶级时伏时起的运动中表现出来,他们的口号永远是一致的——**公社**!

公社——这是反对帝国及其存在条件的革命的积极形式,最初在法国南部的一些城市曾试图建立;巴黎被围期间,在时伏时起的运动中也曾一再宣布成立公社,但都被国防政府的阴谋诡计和"投降计划"主角特罗胥的布列塔尼兵破坏而流产了;最后公社终于在 3 月 26 日胜利建成,但它不是在这一天突然产生的。它是工人革命的既定不移的目标。巴黎的投降、波尔多的公开的反共和国阴谋、由夜袭蒙马特尔所开始的政变,都促使巴黎的全部有生命力的力量团结到它的周围,使"国防人士"无法再把它仅仅看做巴黎工人阶级中最自觉最革命部分的孤军奋战。

国防政府只是作为在初遭意外情况下的权宜之计,出于战争的需要才被容忍存在的。巴黎人民对于第二帝国[9]这个谎言帝国的真正答复是——公社。

因此也可以说,全部巴黎的有生命力的力量——除了波拿巴体制的台柱及其御用反对派、大资本家、金融经纪人、骗子手、懒汉以及老朽的国家寄生虫以外——掀起的反对国防政府的起义,虽然是在 3 月 18 日对阴谋家们首次告捷的,但起义并不是从这一天,而是从 1 月 28 日,即投降的那一天开始的。国民自卫军——即巴黎的全部男性武装居民——自己组织了起来,并且从那一天起就在实际上统治着巴黎,独立于靠俾斯麦的恩典成立的投降派[33]的僭权政府之外。他们拒绝交出他们的武器和大炮,这些武器和大炮是他们的财产,而且正因为是他们的财产,投降时才留在他们手中。这些武器之所以没有落到俾斯麦手里,并不是由于茹尔·法夫尔的宽宏大量,而是由于武装的巴黎为了保持这些武器会不惜与茹尔·法夫尔和俾斯麦一战。鉴于外敌当头、和谈正在进行,巴黎不愿使局势复杂化。它恐怕发生内战。它恪守纯粹防御的立场,满足于巴黎实际上的自治。但是,它在镇静地、坚定地进行着组织工作,准备抵抗。(投降派甚至在投降条款里也毫不含糊地表明,他们想借法国投降普鲁士之机同时达到控制巴黎的目的。他们向普鲁士坚持要求的唯一让步——即使他们不作为一项让步向俾斯麦乞求,俾斯麦也会作为一项条件加在他们头上——就是派4万名士兵来镇压巴黎。巴黎有30万国民自卫军,守卫巴黎、应付外敌和维护内部秩序绰有余裕,在这种情况下,还要求派这4万名士兵,就不可能有其他目的了,而且这点也是公开承认的。**47**)巴黎用一个非常简单的办法,以现行军事组织为基础建立了一套政治联合组织。这个政治联合组织是全体国民自卫军通过每一个连的**代表**彼此联结起来的联盟;连代表们委派营代表,营代表们再委派总代表即军团首长,由他们来代表1个区,和其他19个区的代表进行合作。由国民自卫军大多数战斗营选出的这20位代表组成**中央委员会**,正是它在3月18日掀起了本世纪最伟大的革命,并且在巴黎目前的光荣斗争中仍在坚守它的岗位。从来还没有过进行得这样认真仔细的选举,也从来没有过这样充分地代表着选举他们的群众的代表。局外人提出反对意见,说这些代表都是些无名之辈——诚然,他们只为工人阶级所熟悉,但不是老奸巨猾的家伙,也不是因过去的种种劣迹、因孜孜钻营名利地位而出名的人物——对于这种反对意见,他们骄傲地回答道:"当年十二使徒就是这样";他们也用自己的行动作了回答。

公社的性质

以其无处不在的复杂的军事、官僚、宗教和司法机构像蟒蛇似的把活生生的市民社会从四面八方缠绕起来(网罗起来)的中央集权国家机器,最初是在专制君主制时代创造出来的,当时它是作为新兴的现代社会在争取摆脱封建制度束缚的斗争中的一个武器。中世纪贵族的、城市的和教会的领主特权都转变为一个统一的国家政权的特权;这个统一的国家政权以领薪的国家公职人员代替封建显贵,把掌握在中世纪地主的门客仆从手中和市民团体手中的武器转交给一支常备军队,以实行系统分工和等级分工的国家政权的计划调节代替中世纪的互相冲突的势力所造成的错综复杂的(光怪陆离的)无政府状态。以建立民族统一(创立民族国家)为任务的第一次法国革命,必须消除一切地方的、区域的、城镇的、外省的独立性。因此,这次革命不得不继续进行专制君主制度已经开始的工作,也就是使国家政权更集中更有组织,并扩大国家政权的范围和特权,增加它的机构,提高它对现实社会的独立性,加强它对现实社会的超自然控制,这种控制实际上取代了中世纪的超自然苍天及天上圣徒的作用。由各社会集团的彼此关系产生出来的各个细小的个别的利益,同社会本身相分离并以国家利益的形式固定下来,成为独立于社会而且与社会对立的利益,这种国家利益由担任严格规定的、等级分明的职务的国务祭司们管理。

市民社会身上的这个冒充为其完美反映的寄生赘瘤,在第一个波拿巴的统治下得到了充分的发展。复辟王朝和七月王朝[111]

除了使这个寄生赘瘤有更大程度的分工之外，并未增添什么新东西；这种分工是随着市民社会内部分工创造出新利益集团，从而为国家活动创造出新对象而扩大的。法国的议会制共和国和整个欧洲大陆上的各国政府，在它们与1848年革命作斗争中，由于要对人民运动采取各种镇压措施，不得不加强政府权力的行动工具和集中程度。由此可见，所有的革命只是使国家机器更加完善，而没有甩掉这个令人窒息的梦魇。轮流争夺霸权的统治阶级中的各集团各党派，都把占据（控制）（夺得）和操纵这个庞大的政府机器看做胜利者的主要战果。这个政府机器集中力量建立庞大的常备军，制造大批的国家寄生虫和巨额的国债。在专制君主制时代，它是现代社会反封建的斗争工具，这一斗争到法国革命时达到了顶点；在第一个波拿巴时代，它不仅被用来压制革命，取消人民的一切自由权利，它还是法兰西革命的一种工具，借以打出国门，为法国的利益在大陆上建立一些大体与法国相仿的国家来代替封建王朝。在复辟王朝和七月王朝统治时期，它不仅成为资产阶级的暴力阶级统治的手段，而且还成为在直接经济剥削之外对人民进行第二重剥削的手段，因为它保证资产阶级的家族在国家事务管理中取得所有肥缺。在1848年革命斗争时期，它终于充当了扑灭革命、扼杀人民群众的一切解放要求的工具。但是，这种国家寄生物只是在第二帝国时期才得到它最后的发展。有着常备军、无所不管的官僚机构、从事愚民勾当的教会、唯命是从的司法体系的政府权力，已完全脱离社会，甚至一个以一伙饿鬼般的亡命徒做后盾的、平庸到可笑地步的冒险分子，都可以来运用它。它已经无须再使用旧欧洲为反对1739年革命建立的现代世界而结成武装同盟这样的借口了。它不再是一个从属于议会内阁或立法议会的阶级统治工具。国家政权的最后、最高的表现就是第二帝国：它甚至于践踏统治阶级的利益；它用它自己挑选的立法团和由它自己出钱供养的参议院来代替统治阶级摆样子的议会；它的无限权势得到普选的批准；它被公认为维护"秩序"亦即维护地主和资本家对生产者的统治的必要条件；它用昔日的破旧面具掩盖今天贪污腐化之盛行，掩盖最腐朽的寄生集团——金融骗子们的得逞；它**放纵**过去的一切反动势力，形成一个万恶之渊薮。表面看来，这是这个政府权力对社会的最后胜利；实际上，这是这个社会里一切腐败成分的大泛滥。在不明真相的人看来，这好像只是行政权力战胜了立法权力，好像只是以凌驾于社会之上的权力自居的阶级统治形式最终击败了以社会自身的权力自居的阶级统治形式。但是，事实上，这只是那个阶级统治的最后的、堕落的、唯一可能的形式，它既给统治阶级用这种统治形式加以束缚的工人阶级带来屈辱，也给统治阶级本身带来屈辱。

9月4日只是击败那个扼杀共和国的邪恶冒险分子而使共和国重新恢复。**公社**才是**帝国本身**的真正对立物，也就是国家政权即集权化行政权力的对立物，第二帝国只不过是这种权力的最完备的表现形式。事实上，这个国家政权是资产阶级创造的，最初作为破坏封建制度的手段，后来作为压制生产者即工人阶级的解放要求的手段。历次的反动和革命所起的作用都只是把这一组织起来的权力——组织起来奴役劳动的暴力——从这一手中转到另一手中，从统治阶级的这一集团转到另一集团。这个组织起来的权力一直是统治阶级进行奴役和牟利的手段。它在每一次新变动中都吸吮了新的力量。它充当了镇压每一次人民起义的工具；在工人阶级进行了战斗，并被迫把它从他们的压迫者的这一集团转交给另一集团之后,它又被用去压制工人阶级。因此,这次革命的对象不是哪一种国家政权形式——正统的、立宪的、共和的或帝制的,而是**国家**本身这个社会的超自然怪胎。这次革命是人民为着自己的利益而重新掌握自己的社会生活的行动。它不是为了把国家政权从统治阶级这一集团转给另一集团而进行的革命,它是为了粉碎这个阶级统治的凶恶机器本身而进行的革命。它不是阶级统治的行政权形式和议会形式之间所进行的无谓的斗争,而是同时对这两种形式进行的反抗.这两种形式是互为补充的,议会形式只是行政权用以骗人的附属物而已。第二帝国是这种国家僭权的最后形式。公社是它的绝对否定,因此,公社也是19世纪社会革命的开端。因此,无论公社在巴黎的命运怎样,它必然将**遍立于全世界**。公社立刻被欧美工人阶级当做求解放的法宝来欢迎。相形之下,普鲁士征服者的光荣和陈年业绩只不过像往事的幻影而已。

只有工人阶级才能以"公社"这个字眼来表达,并以战斗的巴黎公社来开创这一新的憧憬。就连第二帝国所体现的国家政权的最后表现形式,虽然对统治阶级的自尊心有所损伤,虽然将他们的妄图实行议会自治的希望一笔勾销,但仍然只是他们的阶级统治的最后的可能形式。它虽然使统治阶级在政治上遭到剥夺,但它却使他们制度中经济方面和社会方面的一切恶行丑事得以大肆泛滥。中等资产阶级和小资产阶级,由于他们生存的经济条件而不可能发动一场新的革命;他们只能或者跟着统治阶级走,或者做工人阶级的追随者。农民被动地充当了第二帝国的经济基础,充当了与社会分离而独立于社会之上的**国家**的那最后一次胜利的经济基础。无产者对全社会负有消灭一切阶级和阶级统治的新的社会使命,只有在这一使命激励下的无产者才能够把国家这个阶级统治的工具,也就是把集权化的、组织起来的、窃据社会主人地位而不是为社会做公仆的政府权力打碎。第二帝国就是在统治阶级依靠农民的被动的支持同无产者进行的主动的斗争中产生的。它是取代了中世纪教会的国家发展到登峰造极的最后形式,同时又是其最淫贱的形式。第二帝国在反对无产者的斗争中诞生。摧毁它的也正是无产者,但无产者摧毁它,并不是把它当做集权化政府权力的某一种特殊形式,而是把它当做这种权力的最强的、被故意弄得似乎独立于社会之上的表现,因而也是这种权力的最淫贱的实体。这个实体从头到脚污点累累,其集中表现是:在国内腐败透顶,在国外极端无能。

议会制在法国已经完结。它的最后的和全盛的时期是从1848年5月到政变为止的议会制共和国。扼杀了它的那个帝国,正是它自身的产物。第二帝国时期虽设有立法团和参议院——普鲁士和奥地利这两个军事君主国也如法炮制——但那只是滑稽剧而已,只是专制制度的最劣等的附属品。在法国,议会制那时已经死亡,工人革命当然不是要把它从死亡中唤醒。

但是,阶级统治的这一种形式被破坏,其后果就是行政权即国家政府机器成了革命所要打击的最大的、唯一的对象。

————

公社——这是社会把国家政权重新收回,把它从统治社会、压制社会的力量变成社会本身的充满生气的力量;这是人民群众把国家政权重新收回,他们组成自己的力量去代替压迫他们的有组织的力量;这是人民群众获得社会解放的政治形式,这种政治形式代替了被人民群众的敌人用来压迫他们的假托的社会力量(即被人民群众的压迫者所篡夺的力量)(原为人民群众自己的力量,但被组织起来反对和打击他们）。这种形式很简单，像一切伟大事物一样。在过去的所有革命中，一切历史发展所需的时间总是虚掷了；而且就在人民胜利之日，人民刚放下胜利的武器，这些武器就被转用来反对人民自己。这回一反过去革命的惯例，首先就以国民自卫军代替了军队。

"9月4日以来，共和国第一次摆脱它的敌人的政府而得到解放……为本城建立了保卫公民不受政权（政府）侵犯的国民军，来代替保卫政府反对公民的常备军。"（3月22日中央委员会公告）**112**

（人民只要在全国范围内组织这种国民军，就足以根除常备军；这是一切社会进步在经济方面的第一个必要条件，它一下子既消除这样一个捐税与国债之源，也消除这样一个一直存在着的危险，即阶级统治——不论是通常的阶级统治还是一个自称拯救所有阶级的冒险家的统治——篡取政府权力。）同时它也是抵御外国侵略的最可靠的保障，并在事实上使所有其他国家都不可能维持耗资巨大的军事机器；它使农民免除血税，使农民不再成为所有国税和国债的不竭泉源。仅就这一点来说，公社就是**农民的向往**，是农民解放之先声。同时废除"独立的警察"，以公社的勤务员代替这些恶棍。普选权在此以前一直被滥用，或者被当做议会批准神圣国家政权的工具，或者被当做统治阶级手中的玩物，只是让人民每隔几年行使一次，来选举议会制下的阶级统治的工具；而现在，普选权已被应用于它的真正目的：由各公社选举它们的行政的和创制法律的公职人员。从前有一种错觉，以为行政和政治管理是神秘的事情，是高不可攀的职务，只能委托给一个受过训练的特殊阶层，即国家寄生虫、俸高禄厚的势利小人和领干薪的人，这些人身居高位,收罗人民群众中的知识分子,把他们放到等级制国家的低级位置上去反对人民群众自己。现在错觉已经消除。彻底清除了国家等级制,以随时可以罢免的勤务员来代替骑在人民头上作威作福的老爷们,以真正的责任制来代替虚伪的责任制,因为这些勤务员总是在公众监督之下进行工作的。他们所得的报酬只相当于一个熟练工人的收入,每月 12 英镑,最高薪金每年也不超过240 英镑;按照一位科学界大权威赫胥黎教授的标准,这样的薪金只略高于伦敦国民教育局秘书工资的五分之一。借口国家机密和国家权利玩弄的一整套骗局被公社一扫而尽;公社主要是由普通工人组成,他们组织着巴黎的防务,对波拿巴的御用军队作战,保证这座庞大城市的粮食供应,担负着原先由政府、警察局和省政府分担的全部职务,在最困难、最复杂的情况下,公开地、朴实地做他们的工作,而且所得报酬就像弥尔顿写《失乐园》一样只是几个英镑;他们光明正大地进行工作,不自以为是,不埋头在文牍主义的办公室里,不以承认错误为耻而勇于改正。公社一举而把所有的公职——军事、行政、政治的职务变成**真正工人的职务**,使它们不再归一个受过训练的特殊阶层所私有(在内战和革命的混乱局面中维持秩序)(采取措施以求全面的振兴)。不论公社的各项具体措施多么可贵,公社的最伟大的措施还是它本身的组织,这个组织是在同时面临外国敌人和阶级敌人威胁的情况下未经准备就成立的,公社以它的存在表现了它的活力,以它的行动证实了它的论点。它的出现就是对征服法国的胜利者的一个胜利,陷于敌人之手的巴黎英勇地一跃而重新取得了欧洲的领导地位,但这个领导地位并不是依靠野蛮的暴力取得的,而是由于巴黎走在社会运动的最前列,体现了世界各国工人阶级的愿望。

如果所有大城市都按照巴黎的榜样组成公社，那么，任何政府都无法以猝不及防的反动袭击来镇压这个运动。甚至通过这一初步行动，就可以赢得培育实力的时间，使运动胜利得到保证。全法国都将组织起独立工作的、自治的公社；国民军将代替常备军；国家寄生虫大军将被搬掉；教师将代替各级僧侣；国家法官将换成公社的机构；国民代表的选举将不再是总揽一切大权的政府玩弄手腕的事情，而是组织起来的各公社的意志的自觉表现；国家的职能将只限于几项符合于普遍性、全国性目的的职能。

这就是**公社——社会解放的政治形式**，把劳动从垄断着劳动者自己所创造的或是自然所赐予的劳动资料的那批人僭取的权力（奴役）下解放出来的政治形式。正如国家机器与议会制只是统治阶级进行统治的有组织的总机构，只是旧秩序在政治上的保障、形式和表现，而不是统治阶级的真正生命，公社也不是工人阶级的社会运动，从而也不是全人类复兴的运动，而只是有组织的行动手段。公社并不取消阶级斗争，工人阶级正是通过阶级斗争致力于消灭一切阶级，从而消灭一切阶级统治（因为公社并不代表一种特殊利益；它代表着"劳动"的解放，而劳动是个人生活和社会生活的基本的、自然的条件，唯有靠僭权、欺骗、权术才能被少数人从自己身上转嫁到多数人身上），但是，公社提供合理的环境，使阶级斗争能够以最合理、最人道的方式经历它的几个不同阶段。公社可能引起激烈的反动和同样激烈的革命。**劳动的解放**——公社的伟大目标——是这样开始实现的：一方面取缔国家寄生虫的非生产性活动和胡作非为，从根源上杜绝把巨量国民产品浪费于供养国家这个魔怪，另一方面，公社的工作人员执行实际的行政管理职务，不论是地方的还是全国的，只领取工人的工资。由此可见,公社一开始就厉行节约,既进行政治变革,又实行经济改革。

如果公社的组织在全国范围内牢固地建立起来,它还可能要经受的灾难,就是奴隶主们的一些分散零星的暴动,这些暴动尽管暂时会阻挠和平进步的事业,但只会增强社会革命的武装力量,从而加速运动的发展。

工人阶级知道,他们必须经历阶级斗争的几个不同阶段。他们知道,以自由的联合的劳动条件去代替劳动受奴役的经济条件,只能随着时间的推进而逐步完成(这是经济改造);他们不仅需要改变分配,而且需要一种新的生产组织,或者毋宁说是使目前(现代工业所造成的)有组织的劳动中存在着的各种生产社会形式摆脱掉(解除掉)奴役的锁链和它们的目前的阶级性质,还需要在全国范围内和国际范围内进行协调的合作。他们知道,这一革新的事业将不断地受到各种既得利益和阶级自私心理的抗拒,因而被延缓、被阻挠。他们知道,目前"资本和地产的自然规律的自发作用"只有经过新条件的漫长发展过程才能被"自由的联合的劳动的社会经济规律的自发作用"所代替,正如过去"奴隶制经济规律的自发作用"和"农奴制经济规律的自发作用"之被代替一样。但是,工人阶级同时也知道,通过公社的政治组织形式,可以立即向前大步迈进,他们知道,为了他们自己和为了人类开始这一运动的时刻已经到来了。

农　　民

(**战争赔款**)。还在公社成立之前,中央委员会就通过它的

《公报》**31** 宣布：**"大部分的战争赔款应该由战争的祸首们交付。"**①这是"秩序人物"最害怕的"反文明大阴谋"。这是最实际的问题。如果公社得胜，战争的祸首们就必须交付这笔赔款；如果凡尔赛得胜，那么，已经付出鲜血、遭受摧残破坏、承担捐税的生产者群众就还得支付这笔赔款，而财阀们甚至还要通过经手这笔生意牟利。由谁来清偿战争费用，这将取决于内战。在这个极其重要的问题上，公社不仅代表着工人阶级和小资产阶级的利益，实际上也代表着除了**资产阶级**（富有的资本家）（富有的地主，以及他们的国家寄生虫）以外的全体中等阶级的利益。首先它代表的是**法国农民**的利益。如果梯也尔和他的"乡绅议员"**51**们得胜的话，大部分的战争捐税就会转嫁到农民的肩上。可是有人竟糊涂到这个地步，居然跟着"乡绅议员"们叫喊什么他们——大土地占有者——代表农民，而农民当然心地质朴，迫不及待地要为那些已经强迫他们付出了 10 亿革命赔偿金**80**的好"地主们"再交纳几十亿战争赔款。

正是这些人对农民增收了 45 生丁的附加税**81**，蓄意以此损害二月共和国的威信；不过，当时他们是以革命的名义，以革命创造的"临时政府"的名义这样做的。现在，他们是以自己的名义进行反对公社共和国的内战，以便把战争赔款从他们自己的肩头上转嫁到农民的肩头上去！农民当然会为此而高兴！

公社要废除征兵制，秩序党**45**则要把这种血税牢缚于农民之身。秩序党要派税吏死死抓住农民，向他们索取寄生的、靡费的国

---

① 引自一篇反映国民自卫军中央委员会在交付赔款问题上的立场的文章，载于 1871 年 3 月 21 日《法兰西共和国公报》第 80 号。——编者注

家机器的费用,公社则要给他们一个廉价政府。秩序党要让城市的高利贷者继续敲骨吸髓地压榨他们,公社则要把他们从抓住他们那小块土地的典押债魔的手中解放出来。公社要用领取相当于工人工资的、而不是靠农民劳动以自肥的公社勤务员来代替吞噬着农民的主要收入的、寄生的司法人员——公证人、法警等等。公社要捣毁这一整张缠绕在法国农民身上、上面伏着吸吮农民血汗的资产阶级蜘蛛——法官和区长——的司法蜘蛛网!秩序党要使他们继续处在宪兵统治之下,公社则要恢复他们的独立的社会生活和政治生活!公社要让他们在教师的教导下学到知识,秩序党则要强使他们接受僧侣的愚民统治!但是,法国农民首先是善于算账的人!他们会发现,神职人员的薪俸不再由税吏向他们强制征收,而是由他们依自己的宗教情感"自愿捐赠",那是极为合理的!

路易·波拿巴是被法国农民选为共和国总统的,帝国则是(在制宪议会和立法议会下的共和国的隐名统治时期)由秩序党创立的!在 1849 年和 1850 年,法国农民就开始以自己的行动表明他们实际需要的是什么了:他们以自己的区长对抗政府的省长,以自己的学校教师对抗政府的教士,以自身对抗政府的宪兵!秩序党在 1849 年,特别是在 1850 年 1 月和 2 月制定的各项反动法律[82],其核心是专门针对法国农民的!如果说,法国农民之所以选举路易·波拿巴为共和国总统是因为他们习惯于把自己从第一次革命获得的全部利益错误地归之于第一个拿破仑的话,那么,政变之后,法国一些省的农民的武装起义和宪兵对他们的搜捕则证明:这种错觉正在迅速地破灭!帝国是建立在人为促成的错觉和传统的偏见基础之上的,而公社则将建立在农民的切身利益和他们的实际需要基础之上。

法国农民的仇恨正在集中到"乡绅议员"、城堡领主、榨取10亿赔偿金的那些人以及以土地占有者面目出现的城市资本家身上。这些人对农民的侵夺在第二帝国时期进展得空前迅速,这种情况一部分是国家的人为措施所促成的,一部分是现代农业发展本身的自然结果。"乡绅议员"们知道,法兰西的公社共和国只要统治三个月,就可能成为农民和农业无产阶级起来向他们造反的信号。因此他们疯狂地仇恨公社!农民的解放对他们来说甚至比城市无产阶级的解放更加可怕!农民很快就会欣然接受城市无产阶级为他们自己的领导者和老大哥!当然,在法国,像在绝大多数的欧洲大陆国家一样,在城市生产者和农村生产者之间、在工业无产阶级和农民之间是存在着深刻的矛盾的。大规模的有组织的劳动,生产资料的集中,这是无产阶级追求的希望,也是无产阶级运动的物质基础,尽管目前劳动的组织是专制式的,生产资料不仅作为生产手段,而且作为剥削和奴役生产者的手段集中在垄断者的手中。无产阶级要做的事就是改变这种有组织的劳动和这些集中的劳动资料目前所具有的资本主义性质,把它们从阶级统治和阶级剥削的手段变为自由的联合劳动的形式和社会的生产资料。另一方面,农民的劳动则是孤立的,他们的生产资料是零星分散的。在这些经济差异的基础上,作为上层建筑,形成了大量互不相同的社会政治观点。但是这种农民所有权早已越过自己发展的正常阶段。那时它还是现实的,还是一种符合于社会经济需要、使农村生产者本身处于正常生活条件中的生产方式和财产形式。现在,它已经进入了自己的没落时期。一方面,从它里面已经成长起来了一支巨大的、与城市雇佣工人利益完全一致的prolétariat foncier（农村无产阶级）。由于农艺学的新发展，这种生产方式本身已经老朽过时。最后，农民所有权本身也变得徒有其名，他们自己劳动的果实被夺走，留给他们的不过是所有权的幻觉。大农场主的竞争、血税、国家捐税、城市典当主的高利盘剥以及压在他们身上的司法制度的大量的小额勒索，这一切使得他们沦落到印度农民的地位；同时，他们随时遭到剥夺——甚至他们名义上的所有权也被剥夺，从而沦为农村无产者。因此，把农民同无产阶级分开的已经不是农民的实际利益，而是他们的错觉偏见。如果说，公社像我们已经指出的那样，是唯一在目前经济条件下就能立即给农民带来莫大好处的政权的话，那么，也只有公社这种政府形式才能够保证改变他们目前的经济状况；能够一方面拯救他们免于地主的剥夺，另一方面使他们不至于为了所有权的名义而遭受压榨、苦役和贫困的煎熬；能够把他们名义上的土地所有权变成他们对自己劳动果实的实际所有权；能够使他们既享受产生于社会需要、而目前则作为一种敌对因素不断侵犯着他们利益的现代农艺学之利，又无损他们作为真正独立生产者的地位。他们既然能立即受惠于公社共和国，必将很快地对它产生信任。

共和联盟（共和同盟）

无秩序党在第二帝国[9]的弊政下，达到了它统治的顶点，这个党在它的随从仆役、喽啰门客、国家寄生虫、暗探爪牙、"荡妇"，以及一大群作为**高等流氓**之补充的下等**流氓**（普通刑事犯）跟随下，离开了巴黎(演出了一幕"出巴黎记"①)。但是,中等阶级里面的真正有生命力的力量,由于工人的革命而得以摆脱他们的伪代表,在法国历次革命的历史中第一次和这个无秩序党分道扬镳,显出他们的真正本色。这就是"共和自由同盟"**78**,它在巴黎和外省之间起着中介作用,拒绝承认凡尔赛,并在公社的旗帜下前进。

代表着社会中一切不靠他人劳动生活的阶级的公社革命

我们已经看到:巴黎的无产者为维护法国农民而战,凡尔赛为反对法国农民而战;"乡绅议员"最害怕的是农民听到巴黎的声音,不能再靠封锁把两者隔离开来;归根到底,他们对巴黎作战是企图使农民继续做他们的奴隶,把农民照旧当做他们的"可以任意勒索租税的"对象。

在历史上破天荒第一次,小资产阶级和中等资产阶级公开地团结在工人革命旗帜下,他们宣布这场革命是拯救他们自己和拯救法国的唯一手段!他们和工人一起构成国民自卫军的主体,他们和工人在公社里一起开会,他们在共和联盟里为工人做中介人!

公社实施的主要措施是为着拯救巴黎的中等阶级即债务阶级而反对债权阶级!在六月起义(1848年)**7**中,这个中等阶级曾集结在资本家阶级及其将军、国家寄生虫的旗帜下反对无产阶级。他们随即在1848年9月19日由于"友好协议"被否决而受到了惩罚。**76**对六月起义的胜利立即显示出它同时也是债权人即富有的

---

① 这里套用了《旧约全书·出埃及记》的标题。——编者注

资本家对债务人即中等阶级的胜利。债权人冷酷地索取他们该得的那"一磅肉"①。1849 年 6 月 13 日,这个中等阶级的国民自卫军被解除了武装,并遭到资产阶级军队的杀戮!在帝国时期,由于国家资财被挥霍浪费,富有的资本家借以自肥,这个中等阶级遭受着证券投机商、铁路大王、动产信用公司**35**之类诈骗公司的劫掠,遭受着资本家的联合组织(股份公司)的剥夺。如果说,这个阶级在政治地位上受着贬抑,在经济利益上受着打击,那么,它在精神上则被帝国的奢靡腐败之风所激怒。战争中的丑闻丑事使他们感到忍无可忍,激发了他们作为法国人的情感。在法国经受着这场战争带来的种种灾难,经受着民族崩溃的危机和经济破产的情况下,这个中等阶级感到:唯一能够救亡济危的是工人阶级的宏伟的志向和巨人般的力量,而不是妄想当法国奴隶主的那个腐败的阶级!

他们感到:只有工人阶级能够把他们从僧侣统治下解放出来,把科学从阶级统治的工具变为人民的力量,把科学家本人从阶级偏见的兜售者、追逐名利的国家寄生虫、资本的同盟者,变成自由的思想家!只有在劳劢共和国里面,科学才能起它的真正的作用。

共和国只有公开宣布为
社会共和国才可能存在

正像第二帝国粉碎了操于国家宪兵和教士之手的"普选"是不受任何控制的这样一种幻想一样,这次内战粉碎了关于"共和

①　莎士比亚《威尼斯商人》第 4 幕第 1 场。——编者注

国"的最后幻想。法国所有的有生命力的力量都承认：在法国和在欧洲，共和国只有作为"社会共和国"才有可能存在；这种共和国应该剥夺资本家和地主阶级手中的国家机器，而代之以公社；公社公开宣布"社会解放"是共和国的伟大目标，从而以公社的组织来保证这种社会改造。另外那种共和国只能是一切保皇派——正统派、奥尔良派、波拿巴派**8**——联合起来进行的**隐名**恐怖统治，其最终目标是跨入某种形式的帝国；这是阶级的**隐名**恐怖统治，在完成其肮脏使命之后，必将开成一朵帝国之花！

乡绅议会**51**里面的职业共和党人是这样一些人，尽管他们经过了 1848—1851 年的试验，经过了镇压巴黎的内战，还是真心相信阶级专制的**共和形式**是一种可能的、持久的形式；其实，秩序党**45**之需要这种形式，只是把它当做一种玩弄阴谋的形式，用来反对共和、重建唯一适合于这个党的阶级专制形式——君主制度，或更确切地说，帝国制度。在 1848 年，这些甘愿受骗的笨蛋被推到前台，直到他们通过镇压六月起义为所有那些妄想当法国奴隶主的集团铺平了建立**隐名**统治的道路为止。1871 年，在凡尔赛，他们从一开始就被推到后边，在那里为梯也尔的统治充当"共和主义的"装饰品，并以他们的在场使波拿巴的将军们反巴黎的战争合法化！这些可怜虫陷于自我嘲讽而不自觉，还在 Salle des Paume(网球场)里举行他们党的会议，来表明与他们的 1789 年前辈**113**相比，他们已堕落到怎样的地步！他们试图通过他们的舍耳歇之流哄诱巴黎把武器交给梯也尔，试图借助赛塞手下的"秩序"国民自卫军来迫使巴黎解除武装！我们不去谈像路易·勃朗之类的所谓巴黎的社会主义议员。他们驯顺地忍受杜弗尔这种人和乡绅议员们的侮辱，迷恋梯也尔的"合法"权利，而且竟在匪徒面前哀鸣诉苦,脸面丢尽!

———

工人和孔德

如果说工人的发展现在已经越过了社会主义宗派纷争的时期,那么不应忘记,工人从来也不曾被孔德派操纵过。这个宗派所给予**国际**的,不过是大约六七个人的一个**支部**,这个支部的纲领被总委员会拒绝。[114]巴黎工人知道:孔德在政治方面是帝国制度(个人**独裁**)的代言人;在政治经济学方面是资本家统治的代言人;在人类活动的所有范围内,甚至在科学范围内是等级制度的代言人。巴黎工人还知道:他是一部新的教义问答①的作者,这部新的教义问答用新的教皇和新的圣徒代替了旧教皇和旧圣徒。

如果说,孔德的信徒在英国比在法国更受欢迎,那倒不是由于他们鼓吹了他们的宗派教义,而是由于他们个人的优秀品质,还由于他们接受了那些不是由他们创造的工人阶级的阶级斗争的形式,例如英国的工联和罢工。顺便提一下,这些斗争形式是被他们在巴黎的同宗道友们斥为异端的。

公社(社会措施)

巴黎工人发动了目前这次革命,并且以英勇的自我牺牲精神

———

① 奥·孔德《实证哲学教程》1830—1842 年巴黎版第 1—6 卷。——编者注

承受着这场战斗带来的主要打击——这并不是新鲜事。这是历次法国革命的突出特点！这只是往事的重复！革命以人民群众的**名义**，并且是公开**为着**人民群众即生产者群众的**利益**而进行，这是这次革命和以前历次革命相同之点。这次革命的新的特点在于人民在首次起义之后没有解除自己的武装，没有把他们的权力拱手交给统治阶级的共和主义骗子们；这次革命的新的特点还在于人民组成了**公社**，从而把他们这次革命的真正领导权握在自己手中，同时找到了在革命胜利时把这一权力保持在人民自己手中的办法，即用他们自己的政府机器去代替统治阶级的国家机器、政府机器。这就是他们的滔天大罪！工人们竟敢侵犯"一万个上层人"的统治特权，竟敢宣布他们决心破坏这种运用社会的有组织的国家力量来谋取私利的阶级专制的经济基础！使欧洲的以及美国的体面阶级狂怒的正是这一点；这也说明他们为什么大叫这是亵渎神灵，说明他们为什么要疯狂号召屠杀人民，要从他们的议会讲坛和他们的仆从报社发出粗野的叫骂和诽谤！

公社的最伟大的措施就是它本身的存在，它在闻所未闻的困难情况下工作着、行动着！巴黎公社升起的红旗实际上只是标志着巴黎的工人政府的建立！工人们已经清楚地、有意识地宣告他们的目的是解放劳动和改造社会！但是他们的共和国的真正"社会"性质仅仅在于工人管理巴黎公社这一点！至于他们的各项措施，由于实际情况所决定，不得不主要限于巴黎的军事防卫和粮食供应！

工人阶级的一些以保护人自居的朋友们，一方面甚至对很少的几项他们认为是"社会主义的"措施——其实这些措施除了倾向之外根本没有什么社会主义的东西——也很难掩饰他们的厌恶;另一方面他们又表示满意,并企图用他们的重大发现来诱导"士绅们"同情巴黎公社。他们的大发现是:工人们毕竟是有理智的人,他们无论何时执掌政权,一定会坚决背弃社会主义事业的!事实上,工人们并不想在巴黎成立什么**法伦斯泰尔**[115],也不想成立什么**伊加利亚**[116]。真是当代的聪明人!这些对于工人阶级的真正理想和真正运动一窍不通的好心的保护人忘记了一点。所有的社会主义宗派的创始人都属于那样一个时期,那时工人阶级自己一方面还没有在资本主义社会本身的发展进程中得到足够的锻炼并被充分地组织起来,因此还没有作为历史动力登上世界舞台;另一方面,他们取得解放的物质条件在旧世界内部也还没有完全成熟。工人阶级的贫困状态是存在着的,但是他们开展自己的运动的条件则尚未具备。各乌托邦宗派的创始人虽然在批判现存社会时明确地描述了社会运动的目的——消除雇佣劳动制度和这一制度下的阶级统治的一切经济条件,但是他们既不能在社会本身中找到改造社会的物质条件,也不能从工人阶级身上发现运动的有组织的力量和对运动的认识。他们企图用新社会的幻想图景和方案来弥补运动所缺乏的历史条件,并且认为宣传这些空想的图景和方案是真正的救世之道。从工人阶级运动成为现实运动的时刻起,各种幻想的乌托邦消逝了——这不是因为工人阶级放弃了这些乌托邦主义者所追求的目的,而是因为他们找到了实现这一目的的现实手段——取代乌托邦的,是对运动的历史条件的真正理解以及工人阶级战斗组织的力量的日益积聚。但是,乌托邦主义者所宣布的运动的两个最终目的,也是巴黎革命和国际所宣布的最终目的。只是手段不同,运动的现实条件也不再为乌托邦寓言的云雾所掩盖。因此,无产阶级的这些以保护人自居的朋友们之百般曲解这次革命所响亮地宣布的社会主义趋向,只不过是受自己无知的欺骗而已。如果这些人认为工人运动的先知们所创造的那些乌托邦寓言仍然是"社会革命",也就是说,如果他们认为社会革命仍然是"乌托邦式的",那么过错并不在巴黎无产阶级身上。

———

3 月 20 日中央委员会的《公报》[31]:

"首都的无产者,目睹执政(统治)阶级的无能和叛卖,已经懂得(compris):**由他们自己亲手掌握公共事务**(国家事务)**的领导(管理)以挽救时局的时刻已经到来。**"

他们指出"资产阶级的政治无能和精神衰朽"是"法国不幸"的根源并加以痛斥。

"工人们生产一切然而享受不到任何东西,他们目睹用自己的劳动与血汗创造出来的产品堆积如山,而自己却受着贫困的折磨……**难道永远不许他们致力于自己的解放事业吗**? …… 无产阶级眼看着自身的权利经常受到威胁,自己的正当企望一概被否认,祖国山河破碎,自己的一切希望归于毁灭,他们已经懂得:夺取政权(en s'emparant du pouvoir)以掌握自己的命运、保证自己的胜利,是他们无可推卸的职责和绝对的权利。"①

这里说得很清楚:工人阶级的政府所以必要,首先是为了拯救法国,为了使法国免于统治阶级将带给它的毁灭和腐化;夺去这些阶级(已经丧失了治理法国能力的阶级)的政权是**拯救民族的必要条件**。

但是,这里同样也说得很明白:工人阶级的政府只有致力于**工**

———

① 1871 年 3 月 21 日《法兰西共和国公报》第 80 号。——编者注

人阶级自身的解放才能拯救法国,完成民族事业,因为工人阶级解放的条件同时也就是法国复兴的条件。

工人阶级的政府被宣布为劳动对劳动资料垄断者、对资本的战争。

资产阶级的**沙文主义**只不过是最大的虚荣,它给资产阶级的种种横蛮要求罩上一件民族的外衣。沙文主义是借助常备军来使国际斗争永久化的手段,是用挑拨本国的生产者反对另一国生产者弟兄的办法以压服本国生产者的手段,是阻挠工人阶级的国际合作的手段,而这种合作是工人阶级解放的首要条件。这种沙文主义(它早已成为一句空话)的真正性质已经暴露无遗,它表现于色当之后的防御战争——沙文主义的资产阶级到处使这场防御战争陷于瘫痪;表现于法国的投降;表现于梯也尔这位沙文主义最高祭司在俾斯麦的恩准下进行的国内战争!它还表现于反德同盟的鬼祟的警察伎俩**117**以及投降之后巴黎城内对外国人的搜捕。沙文主义的资产阶级希望,巴黎人民(和全体法国人民)会被民族仇恨的情绪所愚弄,会在蓄意对外国人的迫害中忘记自己的真正愿望,忘记内奸!

这种精心制造的运动不是被革命的巴黎一口气就吹得无影无踪(烟消云散)了吗?巴黎响亮地宣布了它的国际倾向——因为生产者的事业到处是一样的,他们的敌人不论属何国籍(不论穿着什么样的民族服装)也到处是一样的——,它把允许外国人加入公社当做一条原则加以宣布,它甚至把一位外国工人①(国际会员)选入执行委员会,它下令拆除法国沙文主义的象征——旺多

---

① 莱·弗兰克尔。——编者注

姆圆柱[83]！

当资产阶级沙文主义者已肢解了法国并在外国侵略者的指令下行事的时候,巴黎的工人却通过打击本国的阶级统治者而打败了外敌;通过取得世界各国工人之先锋的地位而消除了国界!

资产阶级的纯正的爱国主义,对各类"国有"财产的实际所有者说来是很自然的,但是,由于他们的金融、商业和工业活动已带有世界的性质,这种爱国主义现在已只剩下一个骗人的幌子。在类似的条件下,这种爱国主义在所有国家也会像在法国一样被戳穿。

乡绅的地方分权和公社

有人说,巴黎以及其他法国城市都是处在农民统治的压迫下,巴黎现在的斗争是为了从农民的统治下解放出来!从来也没有比这更愚蠢的谎言!

作为中央所在地和中央集权政府机器根据地的巴黎,使农民受着宪兵、税吏、省长、僧侣和土地巨头的统治,也就是使农民受着农民敌人的专制统治,使农民失去一切生机(使他们丧失活力)。它压制农业地区的一切独立生活机能。另一方面,以巴黎为大本营的中央集权的国家机器既然使外省的全部权势都这样归之于政府、土地巨头、宪兵和僧侣,这些人就利用这种权势为政府和政府所代表的阶级服务,不去反对政府、寄生虫、资本家、懒虫们的那个充当着世界妓院的巴黎,而去反对工人和思想家的巴黎。这样,由于存在着以巴黎为基地的政府集权,农民就受着政府和资本家的巴黎的压制,而工人的巴黎则受着落入农民敌人之手的外省权力的压制。

凡尔赛的《通报》[118]（3 月 29 日）宣称：

"巴黎不能是一个**自由的城市**，因为它是**首都**。"

这倒是实话。巴黎这个统治阶级及其政府的首都，不能是一个"自由的城市"；各省因为有着这样一个巴黎作首都，也不能"自由"。只有有了**巴黎公社**，各省才能自由。**秩序党**[45]之所以如此疯狂地痛恨巴黎，与其说是因为巴黎宣布自己摆脱秩序党及其政府的统治，倒不如说是因为巴黎这样做就是发出了农民以及各省摆脱秩序党统治的信号。

4 月 1 日公社《公报》[31]：

"三月十八日革命不是以保证巴黎获得一个民选的、但仍处在**一个十分集中的全国政权的专制控制下的公社代表机构**作为唯一的目的。**它要为法国所有的市镇争得和确保独立**，也要为所有更高的地方单位——省、大行政区——争得和确保独立，这些地方单位将为了它们的共同利益联合在一个真正的民族公约之下；它要保障共和国，并使之长存…… **巴黎放弃了它的表面上大权独揽的地位**——这种大权独揽的地位对巴黎来说等于是自我损害——而没有放弃那种使它的宣传工作在法国和欧洲屡获胜利的道义力量和思想影响。"①

"这一次，巴黎再度为全法国而工作和忍受苦难；它为法国在思想、道德、行政、经济诸方面的复兴，为法国的光荣和繁荣而战斗、牺牲。"（**用气球发出去的巴黎公社的纲领**）②

梯也尔先生在巡视各省的时候，安排了选举事宜，首先是安排

---

① 1871 年 4 月 1 日《法兰西共和国公报》第 91 号社论。——编者注
② 1871 年 4 月 19 日巴黎公社宣言《告法国人民书》，载于 1871 年 4 月 21 日《每日新闻》第 7793 号。——编者注

他自己在各地的选举。但是有一个困难。外省的波拿巴派当时已不中用。（而且，他不需要他们，他们也不需要他。）很多奥尔良派的老角色都已经融入波拿巴派[8]了。因此必须求援于乡居的正统派地主。他们一直不问政治，正是易受愚弄之辈。他们使凡尔赛议会具有了明显的特色，具有了类似路易十八的"无双议院"[50]的性质，具有了"乡绅"议会的性质。他们十分自负，当然以为随着波拿巴的第二帝国的崩溃，有了外国侵略者的庇护，像1814年和1815年那样，他们的时机终于又到来了。可是，他们仍然只是受人愚弄。随他们怎样行动，他们也只能像1848—1851年一样，作为秩序党的一分子以及它的"隐名"恐怖主义的工具而行动。他们本派情绪的宣泄只不过给他们那种结伙行为增添喜剧性而已。因此，他们只好容忍贝里公爵夫人的监狱产婆[38]当他们的总统，容忍国防政府中的假共和主义者当他们的部长。他们的任务一旦完成，就会被一脚踢开。但是——这是历史的恶作剧——由于各种情况的这种奇异配合，他们不得不向巴黎进攻，惩罚它背叛"统一而不可分的共和国"（这是路易·勃朗的说法[①]，梯也尔称之为法兰西的统一）；可是他们自己干的头一件好事恰恰就是背叛统一，因为他们声称要"砍去巴黎的头颅和取消它的首都地位"，要把议会设在一个外省城市里。其实，他们真正希望的是：恢复中央集权制国家机器出现以前的情况，多少摆脱这个国家机器的省长和部长的约束，而代之以封建领主在本省和本地的权势。他们所要的是在法国实行反动的**地方分权**。而巴黎所要的却是：以法国社会

---

① 路易·勃朗《给〈世纪报〉编辑的信。1871年4月20日》，载于1871年4月26日《每日新闻》第7797号。——编者注

本身通过公社组织而取得的政治统一去代替曾起过反封建作用的中央集权制,这种中央集权制现在已经仅仅表现为一个人为机体的统一,而这个人为机体依靠宪兵和红黑军队而存在,压制着现实社会的生活,像梦魇一样压在社会头上,用孤立巴黎、排斥外省的办法给予巴黎一个"表面上大权独揽"的地位。巴黎就是要用前述的政治统一去代替这个存在于法国社会之外的中央集权的法国。

因此,真正主张破坏法国统一的是乡绅们,他们反对统一的国家机器,因为统一的国家机器损害了他们在地方上的权势(领主权利),因为统一的国家机器是和封建制度相对抗的。

巴黎所要的则是破坏那种人为的中央集权制,因为它是和法国真正的有生命力的统一相对抗的,因为它无非是阶级统治的一种手段而已。

———

孔德派的观点

对现存经济制度完全无知的人,当然更不能理解工人为什么要否定这种制度。他们当然不能理解,工人阶级企图实现的社会变革正是目前制度本身的必然的、历史的、不可避免的产物。他们以遗憾的口吻谈论消灭"财产"的威胁,因为在他们看来,他们的财产的现今的阶级形式—— 一种过渡性的历史形式——**就是**财产本身,因而消灭这种财产形式就是消灭财产。正像他们现在为资本统治和雇佣劳动制度的"永恒性"进行辩护一样,如果他们生在封建时代或奴隶制度时代,他们也会把封建制度和奴隶制度当做符合事物本性的制度、当做自发地成长起来的自然产物而加以保卫;他们也会猛烈抨击这些制度的种种"弊端",但同时他们会由于自己极端无知而用什么这些制度是"永恒的",是可通过"道德节制"("限制")加以纠正的说教,来反驳这些制度将被消灭的预言。

他们对巴黎工人阶级的目的理解的正确程度和俾斯麦先生一样,俾斯麦曾宣称:公社所要建立的是普鲁士式的市政体制。

可怜的人们! 他们甚至不知道,财产的任何一种**社会形式**都有各自的"道德"与之相适应,而那种使财产成为劳动之属性的社会财产形式,决不会制造个人的"道德限制",而会将个人的"道德"从阶级束缚下解放出来。

————

人民革命的气息使巴黎发生了多大的变化啊! 二月革命[43]曾被称做痛恨道德堕落的革命。人民宣布那次革命时高呼:"打倒大窃贼! 打倒杀人犯!"这是人民的情感。至于资产阶级,他们却要求给贪污腐败以更广阔的舞台! 在路易·波拿巴(小拿破仑)的统治时期,他们的这种要求得到了满足。巴黎这个巨大的城市,这个具有历史首创精神的城市,被弄成了世界上所有懒虫和骗子手的安乐窝,弄成了一个世界妓院! 在"上等人"出走以后,工人阶级的巴黎才重新展现,工人阶级的巴黎是英勇的,富有自我牺牲的精神,对自己的艰巨任务满怀热情! 尸体认领处里一具尸体也没有,街道上平安无事。巴黎界内从来没有这样平静过。荡妇看不到了,看到的是巴黎的英勇妇女! 刚劲的、严肃的、战斗着、劳动着、思想着的巴黎! 胸怀广阔的巴黎! 同敌人的野蛮暴行相对照,巴黎只不过使敌俘无力伤人而已……

"巴黎所决不愿再容忍的,是荡妇和轻薄少年的存在。它决心驱逐或改造曾经把这座巨大城市抓在手里作为自己私产加以利用的这批无用处、无信仰、自私自利的败类。第二帝国的任何头面人物都将无权说这样的话:巴黎的最好的街区其乐融融,但是其他街区里贫民太多。"①

(4 月 23 日《真理报》[119]):

"巴黎的个人犯罪案件惊人地减少了。小偷和荡妇没有了,暗杀和路劫没有了:所有的保守分子都逃到凡尔赛去了!"

"自从公民自己行使警察职能以来,即使是在最地僻人稀的街区也没有接到一次夜间抢劫事件的报案。"

卡·马克思写于 1871 年 4 月
中—5 月上半月

第一次用英文和俄文发表于
《马克思恩格斯文库》1934 年
莫斯科版第 3(8)卷

原文是英文

选自《马克思恩格斯选集》第 3 版
第 3 卷第 132—161 页

---

① 1871 年 4 月 23 日《观察家报》(伦敦)第 4170 号。——编者注

《法兰西内战》二稿（摘录）

（6）公 社

在色当事件之后，里昂、马赛和图卢兹的工人，都曾宣告成立公社。甘必大用尽全力加以摧毁。[109]在巴黎被围期间，工人们不断地发难举事，但一次又一次地为特罗胥的布列塔尼兵——路易·波拿巴的科西嘉兵的优秀继承者[61]——以莫须有的理由所镇压。工人们发难举事就是企图以公社代替骗子手的政府。当时默默地酝酿着的公社，正是九月四日革命的真正秘密之所在。因此，3月18日清晨，在反革命被击败以后，睡意朦胧的欧洲从普鲁士帝国的迷梦中惊醒时听到的是巴黎雷鸣般的呼声："公社万岁！"

公社，这个使资产阶级的头脑怎么也捉摸不透的怪物，究竟是什么呢？

按最简单的理解，这是工人阶级在他们的社会堡垒——巴黎和其他工业中心——执掌政权的形式。

中央委员会在它的3月20日公告中说：

"首都的无产者，目睹统治阶级的无能和叛卖，已经懂得：由他们自己亲手掌握公共事务的领导以挽救时局的时刻已经到来……他们已经懂得：夺取政权〈国家权力〉以掌握自己的命运，是他们无可推卸的职责和绝对的权利。"①

但是,无产阶级不能像统治阶级及其互相倾轧的各党各派在历次胜利的时刻所做的那样,简单地掌握现存的国家机体并运用这个现成的工具来达到自己的目的。掌握政权的第一个条件是改造传统的国家工作机器,把它作为阶级统治的工具加以摧毁。这个庞大的政府机器,像蟒蛇似的用常备军、等级制的官僚、俯首帖耳的警察、僧侣、奴颜婢膝的法官把现实社会机体从四面八方缠绕起来。它最初是在专制君主制时代创造出来的,当时它充当了新兴资产阶级社会在争取摆脱封建制度束缚的斗争中的武器。以给现代资产阶级社会提供自由发展的充分余地为任务的第一次法国革命,必须把地方的、区域的、城镇的、外省的一切封建制度堡垒扫除净尽,为中央集权的国家政权这一上层建筑准备社会基地。这种中央集权的国家政权有着按照系统的和等级的分工原则建立的分支庞杂、遍布各地的机关。

但是,工人阶级不能简单地掌握现成的国家机器,并运用它来达到自己的目的。奴役他们的政治工具不能当成解放他们的政治工具来使用。

现代资产阶级国家体现在议会和政府这两大机构上。在1848—1851年秩序党[45]共和国时期,议会的大权独揽产生了它自身的否定——第二帝国[9],而把议会纯粹当做嘲弄对象的帝国制度,是目前大陆上多数军事大国盛行的制度。乍看起来,这种政府机构的僭权专政仿佛是对社会本身的专政,它同样地凌驾于一切阶级之上,同样地给一切阶级以屈辱,但实际上,它现在已经成

---

① 1871 年 3 月 21 日《法兰西共和国公报》第 80 号。——编者注

《法兰西内战》(二稿)手稿第 7 页

了——至少在欧洲大陆上是如此——占有者阶级能继续统治生产者阶级的唯一可能的国家形式。所有已经不复存在的法国议会所留下来的、还栖息在凡尔赛的那一群幽灵,他们所掌握的实际力量,除第二帝国下形成的政府机器外,什么也没有。

像蟒蛇似的用官僚、警察、常备军、僧侣、法官把社会机体从四面八方缠绕起来的庞大的寄生政府,诞生于专制君主制时代。那时需要中央集权的国家政权来充当新兴资产阶级社会在争取摆脱封建制度束缚的斗争中的有力武器。以扫除领主的、地方的、城镇的、外省的特权这些中世纪垃圾为任务的 18 世纪法国革命,不能不同时从社会基地上清除那些妨碍着中央集权的国家政权充分发展的最后障碍,这种国家政权有着按照系统的和等级的分工原则建立的遍布各地的机关。这样的国家政权是在第一帝国时期产生的,而第一帝国本身又是从半封建的旧欧洲反对现代法国的几次同盟战争中产生的。在以后的复辟时期、七月王朝**111**、秩序党共和国时期的各种议会制度下,这个拥有令人倾心的官职、金钱和权势的国家机器的最高管理权,不仅变成了统治阶级中互相倾轧的各党各派争夺的对象,而且,随着现代社会经济发展使得工人阶级队伍更加扩大、苦难更加深重、抵抗更加有组织、求解放的趋势更加强烈,一句话,随着现代阶级斗争——劳动与资本的斗争——采取更鲜明具体的形式,国家政权的面貌和性质也发生了显著的变化。它一直是一种维护秩序,即维护现存社会秩序从而也就是维护占有者阶级对生产者阶级的压迫和剥削的权力。但是,只要这种秩序还被人当做不容异议、无可争辩的必然现象,国家政权就能够摆出一副不偏不倚的样子。这个政权把群众现在所处的屈从地位作为不容变更的常规,作为群众默默忍受而他们的"天然尊长"

则放心加以利用的社会事实维持下去。随着社会本身进入一个新阶段,即阶级斗争阶段,它的有组织的社会力量的性质,即国家政权的性质,也不能不跟着改变(也经历一次显著的改变),并且它作为阶级专制工具的性质,作为用暴力长久保持财富占有者对财富生产者的社会奴役、资本对劳动的经济统治的政治机器的性质也越来越发展起来。每一次新的人民革命总是使国家机器管理权从统治阶级的一个集团手中转到另一个集团手中,在每次这样的革命之后,国家政权的压迫性质就更充分地表现出来,并且更无情地被运用,因为大革命所许下的、在形式上已作出保证的那些诺言只有使用暴力才能打破。此外,后来陆续发生的革命所带来的变化,只是给予资本势力日益增长这个社会事实以政治上的肯定,因而越来越直接地把国家政权本身交给工人阶级的直接的敌人。就是这样,七月革命**120**把政权从地主手里夺来转交给大制造商(大资本家),二月革命**43**又把政权转交给联合在一起的统治阶级各党派,这些党派是为了共同对抗工人阶级、为了维护本阶级的统治秩序而联合成为"秩序党"的。在议会制共和国时期,国家政权最后变成了占有者阶级用来反对从事生产的人民群众的公开的战争工具。但是作为公开的内战工具,它只能在有内战的时候使用;因此,议会制共和国的生存条件就是延续已经公开宣布了的内战状态,这就恰恰否定了"秩序",而内战恰恰是以"秩序"的名义进行的。这只可能是一种一时的、例外的情况。它不可能成为社会的正常的政治形式,甚至于对大部分资产阶级说来也是不能忍受的。因此,当人民抵抗的一切因素都被消除以后,议会制共和国只能在第二帝国面前消逝(让位给第二帝国)。

帝国声称它依靠构成全国多数的生产者——即依靠似乎是置

身在资本和劳动的阶级斗争之外的（对相互对抗的两大社会力量都采取冷漠和敌视态度的）农民；它把国家政权当做凌驾于统治阶级和被统治阶级之上的一种力量来使用；它强使两个阶级暂时休战（使政治的因而也就是革命的阶级斗争形式沉寂下去）；它通过摧毁议会权力亦即摧毁占有者阶级的直接政治权力而剥去了国家政权的直接的阶级专制形式。这样一个帝国是唯一能够使旧的社会秩序苟延一时的国家形式。因此，全世界都欢迎这个帝国，认为它是"秩序的救主"，世界各国想当奴隶主的人们 20 年来一直赞美它。在它的统治下——这时正好加利福尼亚、澳大利亚使世界市场发生了变化[121]，美国有了惊人的发展——开始了工业空前活跃的时期，证券投机、金融诈骗、股份公司冒险行为盛极一时，而所有这一切通过对中等阶级的剥夺，导致资本的迅速集中，并使资本家阶级和工人阶级之间的鸿沟日益扩大。资本主义制度的内在趋势获得了充分发展的余地，于是资本主义制度的一切丑恶事物就毫无阻碍地泛滥起来。这同时也是穷奢极欲、粉饰太平的闹宴，是"上等阶级"的一切下流欲望的渊薮。政府权力的这种最后形式同时也是它的最淫贱的形式，是一帮冒险家对国家资源的无耻掠夺，是制造大宗国债的温床，是对变节卖身的赞美，是一种虚饰矫作的扭曲的生活。这一从头到脚披着华美外衣的政府权力已陷入污泥。这个国家机器本身的彻底的腐朽性以及在它统治下兴旺发达的整个社会机体的糜烂状态，被普鲁士的刺刀尽行揭穿，而普鲁士本身还一心想要把这个充满金钱、血水、污泥的制度在欧洲的司令部从巴黎搬到柏林去呢。

巴黎工人阶级所必须打倒的就是国家政权的这种最后的和最淫贱的形式，它的最高级的也是最低劣的现实，而且也只有这个阶级能够使社会摆脱它。至于议会制度,它早已被它自己的胜利和帝国葬送了。工人阶级必须做的只是不让它复活。

工人必须打碎的不是旧社会政府权力的一个不太完备的形式,而是具有最后的、最完备的形式的政府权力本身,就是**帝国**。**公社**是**帝国**的直接对立物。

用最简单的概念来说,公社意味着在旧政府机器的中心所在地——巴黎和法国其他大城市——初步破坏这个机器,代之以真正的自治,这种自治在工人阶级的社会堡垒——巴黎和其他大城市中就是工人阶级的政府。由于被围,巴黎摆脱了军队,而代之以主要由巴黎工人组成的国民自卫军。只是由于这一情况,3月18日的起义才成为可能。必须使这件事实成为一种制度;必须以各大城市的国民自卫军,即武装起来反对政府僭权的人民来代替保护政府反对人民的常备军。公社必须由各区全民投票选出的市政委员组成(因为巴黎是公社的首倡者和楷模,我们应引为范例),这些市政委员对选民负责,随时可以罢免。其中大多数自然会是工人,或者是公认的工人阶级代表。它不应当是议会式的,而应当是同时兼管行政和立法的工作机关。警察不再是中央政府的工具,而应成为公社的勤务员,像其他所有行政部门的公职人员一样由公社任命,而且随时可以罢免;一切公职人员像公社委员一样,其工作报酬只能相当于工人的工资。法官也应该由选举产生,可以罢免,并且对选民负责。一切有关社会生活事务的创议权都由公社掌握。总之,一切社会公职,甚至原应属于中央政府的为数不多的几项职能,都要由公社的勤务员执行,从而也就处在公社的监督之下。硬说中央的职能——不是指政府统治人民的权威,而是指由于国家的一般的共同的需要而必须执行的职能——将不可能存在,是极其荒谬的。这些职能会存在;不过,行使这些职能的人已经不能够像在旧的政府机器里面那样使自己凌驾于现实社会之上了,因为这些职能应由**公社的勤务员**执行,因而总是处于切实的监督之下。社会公职不会再是中央政府赏赐给它的爪牙的私有财产。随着常备军和政府警察的**废除**,物质的压迫力量即被摧毁。宣布一切教会不得占有财产;从一切公立学校中取消宗教教育(同时实施免费教育),使其成为私人生活范围之内的事,靠信徒的施舍维持;使一切教育机构不受政府的监护和奴役——随着这一切的实现,精神的压迫力量即被摧毁,科学不仅成为人人有份的东西,而且也摆脱掉政府压制和阶级偏见的桎梏。市税由公社规定和征收,用于全国性的公共需要的税款由公社的公职人员征收,并由公社自己支付于各项公共需要(用于各项公共需要的开支由公社自己监督)。

这样,政府的压迫力量和统治社会的权威就随着它的纯粹压迫性机构的废除而被摧毁,而政府应执行的合理职能,则不是由凌驾于社会之上的机构,而是由社会本身的承担责任的勤务员来执行。

卡·马克思写于 1871 年 5 月

第一次用英文和俄文发表于《马克思恩格斯文库》1934 年莫斯科版第 3(8)卷

原文是英文

选自《马克思恩格斯选集》第 3 版第 3 卷第 162—168 页

注　　释

1　这篇导言是恩格斯为柏林《前进报》出版社在1891年巴黎公社二十周年纪念日出版的马克思的著作《法兰西内战》德文第三版（纪念版）而写的。最初，恩格斯的导言经他本人同意以《论法兰西内战》为标题发表在1890—1891年《新时代》杂志第9卷第2册第28期上。发表时，编辑部把原稿最后一段中"社会民主党的庸人"一语改成了"德国的庸人"。从理·费舍1891年3月17日给恩格斯的信可以看出，恩格斯并不同意编辑部对原稿作任意改动，但是，大概为了使自己的著作在同一时期发表的几种文本不出现异文，他在单行本中仍保留了改换的字眼。本书恢复了恩格斯原稿的用语。——3。

2　指1813—1814年德国人民反对拿破仑统治的民族解放战争。——3、20。

3　蛊惑者是对19世纪20年代德国知识分子反政府运动的参加者的称呼。他们组织政治性的示威游行，反对德意志各邦的反动制度，提出统一德国的要求。1819年大学生桑德刺杀神圣同盟的拥护者和沙皇代理人科策布，这一事件成了镇压所谓"蛊惑者"的借口。1819年8月德意志各邦大臣在卡尔斯巴德召开联席会议，通过一项对付所谓"蛊惑者阴谋"的专门决议，从此"蛊惑者"这一称谓便流传开来。到了30年代，由于受法国1830年革命的影响，德国及欧洲各国的反政府运动和革命运动又高涨起来，所谓的"蛊惑者"又受到新的迫害。——4。

4　非常法或反社会党人法，即反社会党人非常法，是俾斯麦政府在帝国国会多数的支持下于1878年10月19日通过并于10月21日生效的一项

法律,其目的在于反对社会主义运动和工人运动。这项法律将德国社
会民主党置于非法地位,党的一切组织、群众性的工人组织被取缔,社
会主义的和工人的刊物被查禁,社会主义文献被没收,社会民主党人遭
到镇压。但是,社会民主党在马克思和恩格斯的积极帮助下战胜了自
己队伍中右的和"左"的机会主义倾向,得以在非常法生效期间正确地
把地下工作同利用合法机会结合起来,大大加强和扩大了自己在群众
中的影响。在日益壮大的工人运动的压力下,反社会党人非常法于
1890 年 10 月 1 日被废除。——4。

5　议会反对派(1830—1848 年)是七月王朝时期法国众议院中以奥·巴
罗为首的议员集团,这个集团代表工商业资产阶级自由派的政治观点,
主张实行温和的选举改革,认为这样做能避免革命并维持奥尔良王朝
的统治。这一集团通常被称做王朝反对派。——5。

6　指宴会运动,即 1847 年 7 月—1848 年 1 月之间法国各派政治势力利用
宴会形式进行的斗争。七月王朝(见注 111)末期,王朝反对派联合共和
派为促进选举改革,征集请愿书签名,举行了大规模的宴会运动,资产
阶级民主派也积极参加了这一运动。在宴会上,各派政治势力的代表
人物以发表公开演说,致祝酒词等方式陈述政见,宣传改革。第一次公
开的宴会于 1847 年 7 月 9 日在巴黎的红宫舞厅举行,所有支持改革的
派别都有代表参加,成分相当复杂。在这次宴会上,资产阶级民主派无
论从人数方面还是思想方面都表现出极大的优势。宴会运动吸引了社
会各个阶层,席卷了法国各个地区,仅 1847 年秋季的两个月内,全法国
就举办了 70 次宴会,出席总人数多达 17 000 余人。每次宴会出席者少
则数百人,多则千余人。工人代表也组织过自己的宴会。但是,原定于
1848 年 2 月 22 日举行的宴会遭到基佐政府的禁止,因为选举改革的运
动给七月王朝带来了威胁。宴会运动为 1848 年资产阶级民主主义的
二月革命(见注 43)拉开了序幕。恩格斯针对宴会运动撰写过一系列文
章(见《马克思恩格斯全集》中文第 1 版第 4 卷第 381—384、394—402、
405—408、423—426 以及 430—437 页)。——5。

7　六月起义指 1848 年 6 月巴黎无产阶级的起义。二月革命(见注 43)后,
无产阶级要求把革命推向前进,资产阶级共和派政府推行反对无产阶

级的政策,6 月 22 日颁布了封闭"国家工场"的挑衅性法令,激起巴黎工人的强烈反抗。6 月 23—26 日,巴黎工人举行了大规模武装起义,经过四天英勇斗争,起义被资产阶级共和派政府残酷镇压下去。马克思论述这次起义时指出:"这是分裂现代社会的两个阶级之间的第一次大规模的战斗。这是保存还是消灭资产阶级制度的斗争。"(见《马克思恩格斯选集》第 3 版第 1 卷第 467 页)——6、111。

8 指正统派、奥尔良派和波拿巴派。

　　正统派是法国代表大土地贵族和高级僧侣利益的波旁王朝(1589—1792 年和 1814—1830 年)长系的拥护者。1830 年波旁王朝第二次被推翻后,正统派结成政党。在反对以金融贵族和大资产阶级为支柱的当政的奥尔良王朝时,一部分正统派常常抓住社会问题进行蛊惑宣传,标榜自己维护劳动者的利益,使他们不受资产者的剥削。

　　奥尔良派是金融贵族和大资产阶级的保皇派,是 1830 年七月革命(见注 120)到 1848 年二月革命这一时期执政的波旁王朝幼系奥尔良公爵的拥护者。奥尔良公爵统治时期在历史上被称为奥尔良王朝。

　　波拿巴派指拿破仑第三路易·波拿巴的拥护者。——6、31、44、71、78、113、121。

9 1851 年 12 月 2 日波拿巴派发动政变,并于 1852 年 12 月 2 日在法国建立了第二帝国(1852—1870 年)的波拿巴政体。第二帝国又称十二月帝国。——6、18、24、42、58、78、90、96、110、126。

10 威廉堡是卡塞尔附近普鲁士国王的一座城堡。色当会战后,法国皇帝拿破仑第三及其随从于 1870 年 9 月 5 日至 1871 年 3 月 19 日被囚禁于此。为自己卷香烟是这些囚犯们的主要活动之一。——7、69。

11 1870 年 9 月 4 日,法军在色当溃败的消息传出后,巴黎的人民群众举行了革命起义,这次行动导致第二帝国制度的垮台和以资产阶级国防政府为首的共和国的成立。——7。

12 法国在 1870—1871 年普法战争失败后,以阿·梯也尔和茹·法夫尔为一方,奥·俾斯麦为另一方于 1871 年 2 月 26 日在凡尔赛签订了法德初步和约。按照初步和约,法国把阿尔萨斯和洛林东部割让给德国,并于

1871—1873 年向德国缴付 50 亿法郎的赔款;在赔款付清以前,德国军队继续占领法国的部分领土。正式和约于 1871 年 5 月 10 日在美因河畔法兰克福签订。——8、66。

13　国际工人协会简称国际,后通称第一国际,是无产阶级第一个国际性的革命联合组织,1864 年 9 月 28 日在伦敦成立。马克思参与了国际工人协会的创建,是它的实际领袖,恩格斯参加了国际后期的领导工作。在马克思和恩格斯的指导下,国际工人协会领导了各国工人的经济斗争和政治斗争,积极支持被压迫民族的解放运动,坚决地揭露和批判了蒲鲁东主义、巴枯宁主义、拉萨尔主义、工联主义等错误思潮,促进了各国工人的国际团结。国际工人协会在 1872 年海牙代表大会以后实际上已停止了活动,1876 年 7 月 15 日正式宣布解散。国际工人协会的历史意义在于它"奠定了工人国际组织的基础,使工人做好向资本进行革命进攻的准备"(见《列宁全集》中文第 2 版第 36 卷第 290 页)。——12、17、22、32、87、91。

14　指蒲鲁东的著作《19 世纪革命的总观念》1868 年巴黎版。这部著作第一版于 1851 年在巴黎出版。马克思 1851 年 8 月 8 日给恩格斯的信和恩格斯的著作《对蒲鲁东的〈19 世纪革命的总观念〉一书的批判分析》(见《马克思恩格斯全集》中文第 1 版第 44 卷),对蒲鲁东的观点进行了批判。——13。

15　《国际工人协会总委员会关于普法战争的第一篇宣言》是马克思在 1870 年 7 月 19—23 日写成的。1870 年 7 月 19 日,即普法战争爆发的当天,总委员会委托马克思起草关于这次战争的宣言。宣言在 7 月 23 日的总委员会常委会通过,在 1870 年 7 月 26 日的总委员会会议上被一致批准。宣言首先用英文刊登在伦敦 1870 年 7 月 28 日《派尔—麦尔新闻》第 1702 号上,几天以后以传单的形式印发了 1 000 份。英国的许多地方报纸也全文或摘要转载了宣言。宣言曾送交《泰晤士报》(见注 68)编辑部,但该报拒绝发表。

　　鉴于宣言第一版很快脱销,1870 年 8 月 2 日总委员会决定再增印 1 000 份。同年 9 月,第一篇宣言又和总委员会关于普法战争的第二篇宣言一起用英文再版;马克思在这一版中更正了第一篇宣言第一版中的几个印刷错误。

　　8 月 9 日,总委员会成立了一个委员会,负责把第一篇宣言翻译成德文和法文并加以传播。参加这个委员会的有马克思、海·荣克、奥·赛拉叶和约·埃卡留斯。宣言由威·李卜克内西翻译成德文首次发表在 1870 年 8 月 7 日莱比锡《人民国家报》第 63 号上。马克思得到宣言的这个德译文之后,对译文作了彻底的加工,对全文的几乎一半重新进行了翻译。宣言的新的德译文刊登在 1870 年 8 月《先驱》杂志第 8 期,同时印成传单,随后还发表在 8 月 12 日纽约《工人联合报》、8 月 13 日苏黎世《哨兵报》第 26 号、8 月 13 日维也纳《人民意志报》第 26 号以及8 月 21 日奥格斯堡《无产者报》第 56 号。1891 年纪念巴黎公社二十周年之际,恩格斯在柏林《前进报》出版社出版的《法兰西内战》德文版上刊出了总委员会关于普法战争的第一篇宣言和第二篇宣言,这两篇宣言的译者是路易莎·考茨基,恩格斯对译文进行了校订。

　　总委员会关于普法战争的第一篇宣言用法文发表在 1870 年 8 月 6日日内瓦《平等报》第 28 号、1870 年 8 月 7 日布鲁塞尔《国际报》第 82号和 1870 年 8 月 7 日韦尔维耶《米拉波报》第 55 号。由总委员会所设委员会翻译的第一篇宣言的法文本还印成了传单。第一篇宣言于 1870年 8—9 月用俄文首次发表在日内瓦出版的《人民事业》第 6—7 期上。——17。

16　拿破仑第三政府为了平息广大人民群众的不满,巩固摇摇欲坠的第二帝国政权,于 1870 年 5 月 8 日举行了公民投票(全民投票)。提交表决的问题含有这样一种意思,即对第二帝国的政策表示不赞同,就意味着反对一切民主改革。尽管政府采取了这种蛊惑性的伎俩,但是公民投票反对政府的仍然多达 150 万人,拒绝参加投票的也多达 190 万人。这一结果表明反政府力量乃持续增长。政府在准备公民投票的同时,广泛采取了镇压工人运动的措施,对工人组织竭尽造谣诬蔑之能事,并散布所谓"赤色恐怖"来吓唬中间阶层。

　　国际的巴黎联合会和巴黎工会联合会曾于 1870 年 4 月下旬发表宣言,揭露波拿巴派玩弄所谓公民投票的实质,并号召工人拒绝参加。公民投票前夕,政府以警察捏造的谋刺拿破仑第三的罪名逮捕了巴黎联合会的会员,并以此为借口在法国各城市对国际会员展开大规模的迫害。1870 年 6 月 22 日—7 月 5 日对巴黎联合会会员进行的审判完全证明这一罪名是莫须有的,法国的许多国际会员仅仅因为他们属于国际工人协会,便被波拿巴的法庭判处徒刑。

法国政府当局对国际的迫害引起了工人阶级的强烈抗议。——17。

17 《觉醒报》(Le Réveil)是法国左派共和党人的机关报,1868 年 7 月—1871 年 1 月在巴黎出版;起初是周报,1869 年 5 月起改为日报,由沙·德勒克吕兹主编;从 1870 年 10 月起反对国防政府,刊登过国际的文件和有关工人运动的材料。——18。

18 《马赛曲报》(La Marseillaise)是法国左派共和党人的日报,1869 年 12 月 19 日—1870 年 9 月 9 日在巴黎出版;由于采取反对第二帝国统治集团的行动,1870 年 2 月 10—11 日被勒令停刊,5 月 18 日—7 月 20 日被查封,9 月 9 日完全停刊;出版者为昂·罗什弗尔,主编为保·格鲁赛,编辑部成员有安·阿尔诺、西·德雷尔、阿·恩贝尔、昂·罗什弗尔、昂·马雷等人,撰稿人有茹·瓦莱斯、欧·瓦尔兰、古·弗洛朗斯、保·拉法格、维·罗瓦尔和燕·龙格等人;报纸经常报道国际工人协会在法国和其他国家的活动,刊登国际总委员会的文件。——19。

19 指支持路易·波拿巴掠夺计划的沙文主义示威游行。这次示威游行是波拿巴分子于 1870 年 7 月 14 日在警察的配合下组织的。

十二月十日帮指十二月十日会。该会是波拿巴派的秘密团体,以纪念其庇护人路易·波拿巴 1848 年 12 月 10 日当选为法兰西共和国总统而得名。该组织成立于 1849 年,主要由堕落分子、政治冒险家、军人等组成。虽然该团体于 1850 年 11 月表面上被解散,但实际上其党羽仍然继续进行波拿巴主义的宣传,并积极参加了 1851 年 12 月 2 日政变。马克思在《路易·波拿巴的雾月十八日》(见《马克思恩格斯选集》第 3 版第 1 卷)一文中对十二月十日会作了详尽的评述。——19。

20 萨多瓦会战是 1866 年 7 月 3 日以奥地利和萨克森的军队为一方,普鲁士军队为另一方,在捷克萨多瓦村附近的克尼格雷茨(赫拉德茨—克拉洛韦城郊)进行的会战。这是 1866 年普奥战争中的一次决定性会战,以奥军败北而告终。历史上这次会战又称克尼格雷茨(赫拉德茨—克拉洛韦)会战。——19。

21 1870 年 7 月 16 日在不伦瑞克和 7 月 17 日在开姆尼茨举行的工人大会,是德国社会民主工党(爱森纳赫派)的领导人为抗议统治阶级的掠夺政策而召开的。

这两次大会的决议引自 1870 年 7 月 20 日《人民国家报》第 58 号。——20。

22 《国际工人协会总委员会关于普法战争的第二篇宣言》是马克思在 1870 年 9 月 6—9 日写成的。

1870 年 9 月 6 日,国际总委员会研究了由于第二帝国(见注 9)崩溃及普法战争进入一个新阶段而形成的新局势,决定就普法战争发表第二篇宣言。为此,成立了一个起草委员会,其成员有马克思、海·荣克、乔·米尔纳和奥·赛拉叶。

马克思起草这篇宣言时,利用了恩格斯寄给他的各种材料,这些材料揭露了普鲁士军阀、容克和资产阶级借口军事战略上的需要而并吞法国领土的野心。总委员会在 1870 年 9 月 9 日召开专门会议,一致通过了马克思起草的这一宣言。宣言被分送到伦敦各资产阶级报刊,然而这些报刊却采取沉默态度,只有《派尔—麦尔新闻》在 1870 年 9 月 16 日摘要刊登了宣言。9 月 11—13 日宣言用英文以传单的形式印发了 1 000 份。9 月底又出版了将第一篇和第二篇宣言印在一起的新版本。这一版改正了第一版的几个印刷错误,也对个别段落的文字作了修改。

第二篇宣言的德文本是由马克思翻译的,他在翻译时删去了个别段落,增加了几句专门针对德国工人说的话。第二篇宣言的这个译本发表在 1870 年 10—11 月《先驱》杂志第 10—11 期、1870 年 10 月 8 日维也纳《人民意志报》第 37 号以及 1870 年 10 月 1 日苏黎世《哨兵报》第 33 号,同时还以传单的形式在日内瓦印发。1891 年,恩格斯在《法兰西内战》的德文第三版中刊出了第二篇宣言,为该版翻译第二篇宣言的是路易莎·考茨基,恩格斯对译文进行了校订。

第二篇宣言的法译文载于 1870 年 10 月 23 日、12 月 4 日《国际报》第 93、99 号及 1870 年 9 月 21 日《波尔多论坛报》,并以节译的形式载于 1870 年 10 月 4 日《平等报》第 35 号,此外,这篇宣言还用佛拉芒文发表于1872年10月16、24日安特卫普《工人报》第51、52号。——24。

23 北德意志联邦是1867年建立的以普鲁士为首的德意志联邦国家,它取代了已经解体的德意志联邦。加入北德意志联邦的有19个德意志邦和3个自由市,它们在形式上都被承认有自治权。北德意志联邦的宪法保证普鲁士在联邦中居统治地位;普鲁士国王被宣布为联邦元首和联邦武装部队总司令,并被授予指导对外政策的权力。原来在联邦以外的巴伐利亚、巴登、符腾堡和黑森—达姆施塔特在1870年加入了联邦。北德意志联邦的建立在德意志国家统一的道路上向前迈进了一步。1871年1月,随着德意志帝国的建立,北德意志联邦不复存在。——25。

24 1618年勃兰登堡选帝侯国与16世纪初由条顿骑士团领地组成并臣属于波兰贵族共和国的普鲁士公国(东普鲁士)合并。勃兰登堡选帝侯作为普鲁士的领主而成为波兰的藩臣,这种关系一直维持到1657年,当时勃兰登堡选帝侯利用了波兰对瑞典作战的困难,使波兰承认了他对普鲁士领地的主权。——26。

25 指1795年4月5日参加了反法同盟的普鲁士同法兰西共和国单独缔结的巴塞尔和约,这一和约的签订导致了欧洲各国第一次反法同盟的瓦解。——27。

26 蒂尔西特和约是拿破仑法国同参加第四次反法同盟的战败国俄国和普鲁士在1807年7月7日和9日签订的和约。和约条件对普鲁士极为苛刻,使普鲁士丧失很大一部分领土,其中包括易北河以西的全部属地。为了分裂战败国,拿破仑没有向俄国提出领土要求,反而使它获得了普鲁士割让的比亚韦斯托克地区,但是亚历山大一世必须承认法国在德国占领的地区和拿破仑在那里所修改的疆界,同意在原来归并于普鲁士的一小块波兰领土上成立华沙大公国(法国企图使之成为进攻俄国的跳板),与普鲁士一样解除与英国的联盟,加入拿破仑的大陆体系。拿破仑第一强行签订的掠夺性的蒂尔西特和约,引起了德国人民的极端不满,从而为1813年反对拿破仑统治的解放运动奠定了基础。——28。

27 1865年10月,俾斯麦和拿破仑第三在比亚里茨会晤。拿破仑第三事实上同意了普鲁士与意大利结盟并对奥地利发动战争。当时拿破仑第三认为,后来发生于1866年的普奥战争将会持续很久,他可以伺机插手,从中渔利。

1870—1871年普法战争开始时,沙皇政府的外交大臣亚·哥尔查科夫在柏林和俾斯麦举行谈判时声明,俄国在战争中将采取有利于普鲁士的善意的中立,并将对奥地利施加外交压力;同时普鲁士政府则答应不给沙皇俄国在东方问题上的政策制造障碍。——29。

28 指德国封建反动势力在拿破仑统治覆灭后取得胜利。

德国和欧洲其他许多国家的人民曾一起参加了反对拿破仑统治的解放战争,然而1815年拿破仑被推翻以后,战争的胜利果实却被欧洲封建专制国家中以反动贵族阶级为支柱的统治者们所窃取。以奥地利、普鲁士和沙皇俄国为核心的反革命君主联盟——神圣同盟,成了欧洲国家命运的主宰。随着德意志联邦的建立,德国保持了封建割据的局面,巩固了德意志各邦的封建专制制度,保留了贵族阶级的一切特权,加剧了对处于半农奴制下的农民的剥削。——30。

29 指英国工人发动的争取承认1870年9月4日成立的法兰西共和国并在外交上给它以支持的运动。从9月5日起,伦敦、伯明翰、纽卡斯尔以及其他大城市举行了有广大劳动群众参加的集会和示威游行;工联在这一行动中起了积极的作用。集会和示威游行的参加者表示同情法国人民,并在他们的决议和请愿书中要求英国政府立即承认法兰西共和国。

国际总委员会和马克思本人积极参加了争取承认法兰西共和国运动的组织工作。——32。

30 暗指英国自欧洲封建专制国家于1792年开始对革命的法国作战以来,积极参与了促使这些国家结成联盟的活动,并于1793年直接参加了这场战争。英国也是欧洲最早承认法国1851年12月2日建立的波拿巴政体的国家。——32。

31 《公报》即《法兰西共和国公报》(Journal official de la République française)的简称,是法国政府的官方报纸,主要刊登法律和法令;其前身是1869年1月1日起在巴黎出版的《法兰西帝国公报》(Journal official de l'Empire française)。1870年9月帝国灭亡后,以《法兰西共和

国公报》的名称出版;从1871年3月20日至5月24日先后作为国民自
卫军中央委员会和巴黎公社的正式机关报出版,但仅在3月30日的报
纸上写有"巴黎公社正式机关报"字样。报纸主编是皮埃尔·韦济尼
埃、沙尔·龙格,其成员有古斯塔夫·库尔贝、爱德华·瓦扬。巴黎公
社时期,梯也尔政府的报纸也用这个名称在凡尔赛出版。——37、54、
75、107、117、120。

32 1871年1月28日,俾斯麦同国防政府的代表茹·法夫尔签订了《停战
和巴黎投降协定》。——37。

33 投降派是对1870—1871年巴黎被围期间那些主张巴黎投降的人的蔑
称,后来在法文中这个词泛指投降主义者。——37、96。

34 指《旗帜报》由于被揭发用欺骗手段筹集资金而停刊。
　　《旗帜报》(L'Étendard)是法国波拿巴派的周报,于1866—1868年
在巴黎出版。——38。

35 动产信用公司是法国的一家大股份银行,由埃·贝列拉和伊·贝列拉
兄弟俩于1852年创办并为同年11月18日的法令所批准。动产信用公
司的主要目的是充当信贷的中介及参与工业企业和其他企业的创立。
该公司广泛地参与了法国、奥地利、匈牙利、瑞士、西班牙和俄国的铁路
建设。公司收入的主要来源是依靠自己开办的股份公司在交易所进行
的有价证券投机买卖。动产信用公司用发行本公司的股票得来的资金
收买各种公司的股票,它自己的股票只是以它持有的其他企业的有价
证券作担保,而其他各公司的股票则是以它们本身的财产价值作担保。
因此,同一项实际财产产生了双倍的虚拟资本。一种形式是该企业的
股票,另一种形式是拨款给该企业并收买其股票的动产信用公司的股
票。该公司同拿破仑第三的政府关系密切,并在其庇护下进行投机活
动。1867年该公司破产,1871年清算完毕。动产信用公司在19世纪
50年代作为新型金融企业出现,是当时这一反动时期特有的产物。在
这一时期,交易所买空卖空、投机倒把活动异常猖獗。中欧的其他国家
也仿效动产信用公司纷纷建立起类似的机构。——39、112。

36 《自由选民》(L'Électeur libre)是法国的一家周报(普法战争时期为日

报），共和派右翼的机关报，1868—1871 年在巴黎出版；1870—1871 年同国防政府的财政部有联系。——39。

37 1831 年 2 月 14 日和 15 日巴黎发生反对正统派和反对教会的行动，这些行动得到外省的响应。为了向在贝里公爵追思弥撒仪式上表现出的正统主义行为提出抗议，群众捣毁了圣日耳曼奥塞鲁瓦教堂和以同情正统派闻名的大主教凯朗的宅邸。奥尔良派的政府出于打击对它抱敌视态度的正统派的目的，没有采取措施干涉群众的行动；捣毁教堂和大主教宅邸时，在场的阿·梯也尔曾关照国民自卫军不要阻止群众的行动。——40。

38 1832 年，当时任内务大臣的阿·梯也尔下令逮捕了正统派的法国王位追求者尚博尔伯爵的母亲贝里公爵夫人，随即将她置于严密监视之下，并对她进行了侮辱性的身体检查，目的在于宣扬她的私婚，从而破坏她和她儿子的声誉。——40、121。

39 指当时任内务大臣的阿·梯也尔在镇压 1834 年 4 月 13—14 日反对七月王朝（见注 111）统治的巴黎起义中扮演了卑鄙角色。这次起义是巴黎工人以及部分依附于工人的小资产阶级，在共和派秘密的人权协会领导下进行的。在镇压这次起义时，军人集团犯下了种种暴行，居住在特朗斯诺南街一所房子里的人全部惨遭杀害。梯也尔是起义时及起义失败后对民主派实行残酷镇压的主要指使者。

　　九月法令是法国政府利用路易-菲力浦 1835 年 7 月 28 日遭谋刺事件于当年 9 月 9 日颁布的法令。这项法令对 1789 年和 1819 年的新闻出版法进行了修订，限制了陪审人员的权利，对新闻出版业采取了多项严厉措施，增加了定期刊物的保证金；规定对发表反对私有制和现行政治体制言论的人以政治犯罪论处并课以高额罚款。——40。

40 1840 年底，陆军大臣尼·让·苏尔特在众议院提出一项加强巴黎防务的法案，计划用 14 000 万法郎来修筑防御设施。阿·梯也尔当时被任命为负责审查该项法案委员会的主席，他于 1841 年 1 月 30 日在众议院对这一计划的实施进行了论证。梯也尔借口必须加强巴黎的防御工事，使这项法案得以具体实施。革命民主派认为这是以加强巴黎防务为借口，对人民运动实行镇压而采取的预备措施。当时曾有人指出，正是为了这一目的，梯也尔的计划才规定在巴黎东部和东北部的工人区附近构筑大批特别坚固的堡垒。——40。

41 1848 年 1 月 13 日，意大利西西里岛巴勒莫爆发反对封建专制的人民起义，这次起义揭开了 1848—1849 年意大利各公国爆发的资产阶级革命的序幕。那不勒斯国王斐迪南二世的军队为镇压起义炮击了巴勒莫城。起义于 5 月 15 日被镇压。同年秋天，斐迪南二世的军队又炮轰墨西拿。斐迪南二世因此获得"炮弹国王"的绰号。——40。

42 指 1849 年 5—7 月武装干涉罗马共和国一事。1848 年秋，在欧洲革命的影响下，意大利境内重新掀起反对奥地利统治和争取统一的民族解放运动。1848 年 9 月 16 日，罗马爆发人民起义。1849 年 2 月 9 日，罗马由全民投票产生的制宪议会废除了教皇的世俗权力并宣布成立共和国，政权集中在以朱·马志尼为首的三执政手中。此后，庇护九世逃往那不勒斯的要塞加埃塔，卡芬雅克同意他到法国避难。得到法国政府支持的庇护九世于 1848 年 12 月 4 日号召所有天主教国家共同镇压罗马革命者，那不勒斯和奥地利立即响应。法国政府于 1849 年 4 月派出了由尼·乌迪诺将军率领的所谓意大利远征军。4 月 27 日法军在意大利要塞港口奇维塔韦基亚登陆，4 月 30 日被朱·加里波第领导的罗马共和国军队击退，双方签订了停火协议。6 月 3 日，乌迪诺撕毁协议，再次炮击罗马。法军于 1849 年 7 月 1 日占领罗马城。由于法国、奥地利和那不勒斯的武装干涉，罗马共和国于 1849 年 7 月 3 日被推翻。——41。

43 二月革命指 1848 年 2 月爆发的法国资产阶级民主革命。代表金融资产阶级利益的"七月王朝"推行极端反动的政策，反对任何政治改革和经济改革，阻碍资本主义发展，加剧对无产阶级和农民的剥削，引起全国人民的不满；农业歉收和经济危机进一步加深了国内矛盾。1848 年 2 月 22—24 日巴黎爆发革命，推翻了"七月王朝"，建立了资产阶级共和派的临时政府，宣布成立法兰西第二共和国。二月革命为欧洲 1848—1849 年革命拉开了序幕。无产阶级和小资产阶级积极参加了这次革命，但革命果实却落到了资产阶级手里。——41、123、128。

44　指资产阶级共和派政府残酷地镇压 1848 年 6 月 23—26 日巴黎无产阶级的起义(见注 7)。对起义的镇压,造成了反革命势力的猖獗,使保守的帝制派地位更加巩固。——41、50、57、81。

45　秩序党是 1848 年由法国两个保皇派,即正统派和奥尔良派联合组成的保守的大资产阶级政党,从 1849 年到 1851 年 12 月 2 日政变,该党在第二共和国的立法议会中一直占据领导地位。——41、67、107、113、120、126。

46　1840 年 7 月 15 日英国、俄国、普鲁士、奥地利和土耳其在没有法国参加的情况下,在伦敦签订了关于援助土耳其苏丹反对法国所支持的埃及统治者穆罕默德-阿里的公约,造成了法国外交政策上的孤立以及法国同欧洲各国反法同盟之间发生战争的危险,但是路易-菲力浦国王未敢发动战争,并不得不放弃对穆罕默德—阿里的支持。阿·梯也尔当时是法国首相。——42。

47　阿·梯也尔企图加强凡尔赛军队来镇压革命的巴黎,他曾要求俾斯麦允许他扩大部队员额(按照 1871 年 2 月 26 日签订的初步和约,梯也尔的部队总人数不得超过 4 万人)。梯也尔政府向俾斯麦保证军队只用来镇压巴黎的起义,于是按照 1871 年 3 月 28 日签订的鲁昂协定,获准将凡尔赛军队的人数增至 8 万,不久以后,又增至 10 万。德国司令部遵照这些协议,急忙将法国战俘(主要是在色当和梅斯投降的部队)遣送回国。凡尔赛政府把这些部队安置在秘密营中,向他们灌输仇恨巴黎公社的思想。——42、97。

48　在第二帝国时期,正统派得不到人民支持,只能采取等待时机的策略,出版一些批评性小册子。他们在 1871 年参加了反革命势力对巴黎公社的镇压以后才开始活跃起来。——44。

49　千年王国是基督教用语,指世界末日到来之前,基督将再次降临,在人间为王统治一千年,届时魔鬼将暂时被捆锁,福音将传遍世界。此语常被用来象征理想中的公正平等、富裕繁荣的太平盛世。——45。

50　无双议院是 1815—1816 年波旁王朝复辟初期由极端反动分子组成的

法国众议院。——45、69、121。

51　"乡绅议会"在马克思的原稿中是"assembly of rurals"（"rurals"相当于法文"les ruraux"），意即"乡绅会议"、"乡绅议会"。这是对 1871 年 2 月 12 日在波尔多召开的法国国民议会的蔑称。该议会的绝大部分议员都是保皇党人，即在农村选区当选的地主、官吏、食利者和商人。"乡绅议会"的议员被称做"乡绅议员"。——45、47、59、75、107、113。

52　指俾斯麦提出的作为初步和约条件之一的赔款要求，参看注 12。——45。

53　指当时的国民议会图谋迁都一事。1871 年 3 月 30 日，伦敦《每日新闻》第 7774 号曾载文论及这一情况。文章作者认为，巴黎无论就自然条件或历史条件而言，都是法国的中心，它体现着法国的领土、政治、精神、社会等方面的统一，取消巴黎的首都地位就等于在精神上砍去法国的头颅。——46。

54　1871 年 3 月 10 日，国民议会通过了一项关于超期票据的法令。此项法令规定，1870 年 8 月 13 日—11 月 12 日立的借约可延期 7 个月偿付；11 月 12 日以后立的借约不得延期偿付。这就意味着，此项法令实际上不仅没有给予负债者即工人和居民中比较贫困的阶层延期偿付的权利，而且还使许多小工商业者遭到破产。

　　在巴黎围城时期，房租缴纳时间从一年中的一个季度拖延到另一个季度。1871 年 3 月底房租又一次到期。阿·梯也尔和茹·杜弗尔提出的办法是授权房主，如房租已两年未付，可将房客赶走，并没收其家具和物品。国民议会对房租问题未作出任何决议。——46。

55　十二月分子指 1851 年 12 月 2 日波拿巴政变的参加者和拥护者。约·维努瓦直接参加了政变，他曾用军队镇压法国一个省的共和派起义。——46。

56　耶稣会是天主教的修会之一，以对抗宗教改革运动为宗旨。耶稣会会士以各种形式渗入社会各阶层进行活动，为达到目的而不择手段，在欧洲声誉不佳。——46、93。

57 根据报纸的报道,从阿·梯也尔政府决定发行的内债中,梯也尔本人及其政府的其他成员应当得到 3 亿多法郎的"佣金"。梯也尔后来承认,和他商谈借债的金融界代表曾要求迅速扑灭巴黎的革命。凡尔赛军队镇压了巴黎公社以后,发行内债的法令于 1871 年 6 月 20 日被通过。——46。

58 卡宴是法属圭亚那的首府,法国流放政治犯的地方。大批政治犯在这里被折磨致死,故有"不流血的断头台"之称。——48。

59 《国民报》(Le National)是法国的一家日报,1830 年由路·阿·梯也尔、弗·奥·玛·米涅和阿·卡雷尔在巴黎创刊;1834 — 1848 年用《1834 年国民报》(Le National de 1834)的名称出版;40 年代是温和的共和派的机关报;1848—1849 年革命时期聚集在报纸周围的有阿·马拉斯特、路·安·加尔涅-帕热斯和路·欧·卡芬雅克等资产阶级共和党人;1851 年停刊。——50、92。

60 1870 年 10 月 31 日,当梅斯投降,布尔歇失守,阿·梯也尔受国防政府之命开始同普鲁士人谈判的消息传来以后,巴黎工人和一部分革命的国民自卫军举行起义,他们占领了市政厅,建立了以奥·布朗基为首的革命政权机关。在工人的压力下,国防政府不得不答应辞职,并决定于 11 月 1 日举行公社的选举。但是,由于巴黎的革命力量尚未充分组织起来,领导起义的布朗基派与小资产阶级民主派雅各宾分子之间存在意见分歧,国防政府乘机借助于当时仍然拥护它的那部分国民自卫军,重新占据了市政厅,背弃了辞职的诺言,恢复了自己的政权。——50、94。

61 路·特罗胥指挥的由布列塔尼兵组成的部队,也被称做布列塔尼别动队,这支部队被当做宪兵部队镇压了巴黎的革命运动。
　　科西嘉兵是第二帝国宪兵队的重要组成部分。——50、95、125。

62 1871 年 1 月 22 日,巴黎无产阶级和国民自卫军在布朗基派的号召下采取了新的革命行动,他们前往市政厅,要求解散政府,成立公社。国防政府命令守卫市政厅的布列塔尼别动队枪杀示威群众,逮捕游行者,下令封闭巴黎所有的俱乐部,禁止群众集会,勒令许多报纸停刊,血腥地镇压了这场革命运动。——51。

63 法语 sommations 一词有"警告"、"勒令"等含义,这里是指法国政府为了驱散示威和集会而采取的一种警告形式。根据 1831 年的法令,以鼓声或喇叭声发出的这种警告重复三次以后,政府就有权使用武力。国民自卫军沿用了法国政府过去的做法。

骚乱取缔令是英国 1714 年颁布并于 1715 年生效的一项法令。该法令明文规定,禁止 12 人以上的一切"骚乱性集会"。如有这种情况发生,当局有责任提出特别警告,若集会者在一小时内不解散,则可使用武力。——52。

64 根据圣经传说,公元前 2000 年下半年,以色列统帅约书亚的军队围攻耶利哥城时,约书亚令自己的士兵吹响用羊角制成的号角,并随号角声一齐大声呼喊,从而使久攻不破的城墙应声倒塌(《旧约全书·约书亚记》第 6 章)。——52。

65 1849 年 6 月 13 日,小资产阶级政党山岳党在巴黎组织了一次和平示威,抗议法国派兵镇压意大利革命,因为共和国宪法规定,禁止动用军队干涉别国人民的自由。这次示威被军队驱散,它的失败宣告了法国小资产阶级民主主义的破产。6 月 13 日以后,当局开始迫害民主主义者,其中包括外侨,同时许多社会主义报刊遭到查封。——52。

66 10 月 31 日起义发生时,国防政府的成员被扣留在市政厅,起义者中有人曾提议将他们枪决,但为起义的领导者古·弗路朗斯所阻止。——54。

67 此段引文出自 1871 年 4 月 5 日的公社法令。按照此项法令,所有被控与凡尔赛方面有勾结的人,其罪行一经查实,一律作为人质关押。巴黎公社采取这项措施的目的,是要阻止凡尔赛军队继续杀害被俘的公社战士。

此法令于 1871 年 4 月 6 日在巴黎《法兰西共和国公报》(见注 31)第 96 号上发布,4 月 7 日,伦敦的《每日新闻》(见注 105)作了报道。——54。

68　指《泰晤士报》(The Times)。这是英国的一家资产阶级报纸,保守党的机关报,1785 年 1 月 1 日在伦敦创刊,报名为《环球纪事日报》(Daily Universal Register),1788 年 1 月 1 日起改名为《泰晤士报》,每日出版;创办人和主要所有人为约·沃尔特,1812 年起主要所有人先后为约·沃尔特第二、约·沃尔特第三;19 世纪先后任编辑的有:主编托·巴恩斯(1817—1841)、约·塔·德纳恩(1841—1877)、托·切纳里(1877—1884)、乔·厄·巴克尔(1884—1912),助理编辑乔·韦·达森特(1845—1870)等;19 世纪 50—60 年代的撰稿人有罗·娄、亨·里夫、兰邦等人;莫·莫里斯为财务和政务经理(19 世纪 40 年代末起),威·弗·奥·德莱恩为财务经理之一(1858 年前);报纸与政府、教会和垄断组织关系密切,是专业性和营业性的报纸;1866—1873 年间曾报道国际的活动和刊登国际的文件。——55、91。

69　十字军征讨指 11—13 世纪百欧天主教会、封建主和大商人打着从伊斯兰教徒手中解放圣地耶路撒冷的宗教旗帜,主要对东地中海沿岸伊斯兰教国家发动的侵略战争。因参加者的衣服上缝有红十字,故称"十字军"。十字军征讨前后共八次,历时近 200 年,最后以失败而告终。十字军征讨给东方国家的人民带来了深重的灾难,也使西欧国家的人民遭受惨重的牺牲,但是,它在客观上也对东西方的经济和文化交流起到了一定的促进作用。——58。

70　等级授职制是中世纪封建主授予藩属封地或神职的制度,其特点是等级低的人完全听任等级高的世俗封建主和教会封建主的摆布。——61。

71　中世纪公社是西欧中世纪时期开始出现的城镇自治制度,实行自治的城镇因而也叫做公社。这种公社虽然实行自治,但真正的统治权仍然掌握在有产阶级手中。18 世纪末法国资产阶级革命时期,巴黎及其他城市的自治机构也叫做公社。1871 年的巴黎公社则具有完全不同的性质,它是无产阶级专政的国家形式之一。——61。

72　吉伦特派是 18 世纪末法国资产阶级革命时期的一个政治集团,代表大工商业资产阶级和在革命时期产生的地主资产阶级的利益。该派的许

多领导人在立法议会和国民公会中代表吉伦特省，因此而得名。吉伦
特派借口保卫各省实行自治和成立联邦的权利，反对雅各宾政府以及
拥护政府的革命群众。——62。

73 《喧声》(Kladderadatsch)是德国的一家讽刺性画刊，1848—1944 年在柏
林出版。

　　《笨拙，或伦敦喧声》(Punch, or the London Charivari)是英国资产阶
级自由派的幽默周刊，简称《笨拙》，1841 年在伦敦创刊，主编是威·
梅·萨克雷。这里，马克思是在对两份杂志进行类比。——62。

74 1870 年 12 月 21 日，英国著名科学家托·赫胥黎曾向伦敦国民教育局
提出一项建议，认为该局秘书的薪金应该定为每年 1 000 英镑。后来此
职位的年薪被定为 800 英镑。——65。

75 指 1871 年 4 月 16 日巴黎公社颁布的关于一切债务延期三年偿付并取
消利息的法令。这项法令在经济上缓和了小资产阶级的困境，不利于
放债的大资本家。——65。

76 1848 年 8 月 22 日制宪议会否决了关于"友好协议"的法案，该法案规定
凡能证明是因革命造成业务停滞而沦于破产的债务人可延期偿还债
务。法案被否决使很大一部分小资产阶级彻底破产，不得不忍受大资
产阶级债主们宰割。——65、111。

77 无知兄弟会是对 1680 年产生于法国兰斯的一个宗教团体的蔑称。该
团体的成员承担了教育穷人子弟的义务；在这个团体所办的学校里，学
生主要接受宗教教育，得不到其他方面的知识。马克思以此暗指资产
阶级法国的初等教育水平很低，而且具有教权主义性质。——65。

78 指外省共和联盟。这是一个由居住在巴黎的外省小资产阶级人士组成
的政治组织，大约于 1871 年 4 月中由让·巴·米里哀尔创立。该组织
曾号召各省支持巴黎公社，反对凡尔赛政府和保皇派的国民议会，主张
实行民主改革，其宗旨是巩固共和国制度，确保公社的独立性。——
66、111。

79 引自巴黎公社的《告农村劳动者书》，这份文献曾于 1871 年 4 月—5 月

初刊登在公社的各报上,并以传单形式单独印发。——66。

80 查理十世的反动政府于 1825 年 4 月 27 日颁布了一项法令,规定对在法国资产阶级革命时期被剥夺地产的前流亡者给以赔偿,赔偿总额约 10 亿法郎。这笔赔偿费大部分落到了法国大地主、高级宫廷贵族手中。——66、107。

81 1848 年 3 月 16 日,法国资产阶级临时政府决定对各种直接税每 1 法郎增加 45 生丁(100 生丁合 1 法郎)附加税。这种附加税的负担主要落在了农民身上。资产阶级共和派采取的这种政策使大地主和天主教僧侣借机策动农民反对巴黎的民主派和工人,壮大了反革命势力。——66、107。

82 指下列法律:将法国分为若干军区和授予各军区司令以处理地方事务的广泛权力的法令;授予共和国总统以任免区长的权力的法案;将农村教师置于省长控制之下的农村教师法;加强僧侣对教育的影响的国民教育法。马克思在《1848 年至 1850 年的法兰西阶级斗争》(见《马克思恩格斯选集》第 3 版第 1 卷)中,对这些法律曾加以阐述。——67、108。

83 旺多姆圆柱又称凯旋柱,是为了纪念拿破仑第一的战功,于 1806—1810 年在巴黎旺多姆广场修建的。整个圆柱全部用缴获的武器上的青铜制成,顶上有一座拿破仑雕像,雕像在复辟时期被拆除,但在 1833 年又复原。1871 年根据巴黎公社的决议,旺多姆圆柱作为军国主义的象征被推倒。1875 年圆柱又被资产阶级政府修复。——68、119。

84 1871 年 5 月 5 日《口令报》公布的材料揭露了修道院的种种罪行。经调查发现,巴黎圣安东郊区的毕克普斯女修道院有把修女长年监禁在小修道室里的情况,并找到了刑具。在圣洛朗教堂发现一个存放尸骨的秘密地窖,这是凶杀的证据。公社为反宗教宣传而出版的小册子《教士罪行录》也公布了这些材料。——69。

85 在外地主(来自"absentee"——"缺席者"一词)通常指那些在爱尔兰拥有地产却长期居住在英格兰的地主。他们把地产交给土地代理人管理,或者出租给靠投机获利的经纪人,这些经纪人再以苛刻的条件转租给小佃户。——70。

86　法语 francs-fileurs 直译是:"自由逃亡者",是对巴黎被普鲁士军队包围时从城里逃出的资产者的讽刺性称呼,因 francs-fileurs 的读音与 francs-tireurs(自由射手,即积极参加反普鲁士斗争的法国游击队员)相近,所以听起来就更具讽刺意味。——73、82。

87　科布伦茨是德国西部的一座城市,在 18 世纪末法国资产阶级革命时期是流亡的贵族保皇党人策动对革命的法国进行干涉的中心。得到封建专制国家支持的、以路易十六极端反动的大臣沙·卡龙为首的流亡政府就设在这里。——73。

88　朱安兵原指 18 世纪末法国资产阶级革命时期,法国西北部发生的反革命叛乱的参加者。巴黎公社时期,公社战士把由沙雷特率领对公社战士作战、怀有保皇情绪的一支凡尔赛军队称做朱安兵,他们都是从布列塔尼招募来的。——74。

89　朱阿夫兵是法国的一种轻步兵("朱阿夫"的称呼来自阿尔及利亚的一个部落的名称)。朱阿夫兵是 19 世纪 30 年代法国在阿尔及利亚建立的一支殖民地部队,起初由当地人和法国人组成,后来全部由法国人组成,但仍保持原有的东方服饰。教皇的朱阿夫兵指 1860 年仿效朱阿夫兵组织和训练的教皇警卫团,由法国贵族青年的志愿兵组成。在意大利军队占领罗马并废除教皇的世俗权力之后,教皇的朱阿夫兵于 1870 年 9 月被调往法国,改编为"西方志愿军团",在卢瓦尔第一军团和第二军团的编制内参加了对普军的战斗。1871 年,这个军团曾参与镇压巴黎公社,以后被解散。——74。

90　巴黎的无产阶级革命产生了巴黎公社。在这一革命的影响下,里昂、马赛以及法国许多其他城市也爆发了人民群众的革命运动。1871 年 3 月 22 日,里昂的国民自卫军和工人占领了市政厅。3 月 26 日巴黎代表团到达以后,里昂便宣布成立公社并选举了由五人组成的地方委员会。该委员会尽管拥有一些武装力量,但是由于同人民群众和国民自卫军缺乏足够的联系,最终丧失了自己的权力。里昂工人于 4 月 30 日再次发动起义,遭到军队和警察的残酷镇压。

马赛的起义居民于1871年3月23日占据了市政厅,逮捕了省长,成立了省委员会,并决定于4月5日进行公社选举。马赛的革命起义于4月4日遭到政府军队镇压。——76。

91 指茹·杜弗尔在1839年5月共和派秘密组织四季社举行武装暴动期间,为巩固七月王朝(见注111)而进行的活动,及其在1849年6月第二共和国时期反对在野的小资产阶级山岳派时所起的作用。

1839年5月12日,以奥·布朗基和西·巴尔贝斯为首的四季社筹划的巴黎武装暴动,由于没有依靠群众,并且带有密谋性质,因而遭到政府军队和国民自卫军的镇压。为了扑灭革命组成了一个新内阁,杜弗尔为内阁成员之一。

1849年6月,山岳派反对共和国总统路易·波拿巴的活动所造成的政治危机日益加剧,当时身为内务部长的杜弗尔提议发布一系列法令,以对付一部分革命的国民自卫军、民主主义者和社会主义者。——77。

92 指国民议会1871年7月6日正式通过的《报刊违法行为惩办法令》,此项法令使以前反动的新闻出版法(1819年和1849年)的条款重新生效,规定对那些发表反对政府言论的出版物实行严厉的惩罚,直至查封;此外还有关于以前被撤职的第二帝国官员复职的法令以及关于追还被公社没收的财产并把没收财产之举定为刑事犯罪的特别法令。——77。

93 由茹·杜弗尔提出并于1871年4月6日在国民议会通过的关于军事法庭审判程序的法令,进一步简化了1857年军事法典上规定的审判程序。法令确认部队司令和陆军部长有权直接进行司法追究,而不必经过预审,在这种情况下,定案(包括审阅上诉书)和执行判决在48小时内即可结束。——77。

94 指1860年1月23日签订的英法商约。商约规定,法国放弃保护关税政策,不再禁止英国货进口,只是对英国货征收30%的进口税,而法国向英国出口的货物大部分可以免税。商约签订以后,英国货大量涌入法国,大大加剧了法国国内市场的竞争,引起了企业家的不满。——78。

95 指公元前1世纪古罗马社会政治斗争尖锐化时期,两度出现的血腥迫害和恐怖统治的局面。

苏拉专政(公元前 82—79 年)———苏拉是奴隶主贵族拥戴的独裁者,在他专政的时期曾大规模地屠杀自己的政敌。他第一次宣布了公敌名单,凡列入名单者,无需审判即被处死。

罗马前后三头执政(公元前 60—53 年及 46—43 年)是分别由三个最有威望的罗马军队统帅分掌政权的专政。前三头执政是庞培、凯撒和克拉苏,后三头执政是屋大维、安东尼和李必达。三头执政是为消灭罗马共和国以及建立罗马单一的君主政权而采取的行动的一个阶段。三头执政广泛地采用了从肉体上消灭敌人的手段。——81。

96　托利党是英国的政党,于 17 世纪 70 年代末 80 年代初形成。1679 年,就詹姆斯公爵(后来的詹姆斯二世)是否有权继承王位的问题,议会展开了激烈的争论。拥护詹姆斯继承王位的议员,被敌对的辉格党人讥称为托利。托利(Tory)为爱尔兰语,原意为天主教歹徒。托利党坚持反动的对内政策,维护国家制度中保守和腐朽的体制,反对国内的民主改革,曾与辉格党轮流执政。随着英国资本主义的发展,托利党逐渐失去它先前的政治影响和在议会中的垄断权。1832 年议会改革使资产阶级代表人物进入议会。1846 年废除谷物法,削弱了英国旧土地贵族的经济基础并造成了托利党的分裂。19 世纪 50 年代末 60 年代初,在老托利党的基础上成立了英国保守党。——81。

97　指《旗帜报》(The Standard)。《旗帜报》是英国保守派的日报,1827 年—约 1917 年在伦敦出版,1857 — 1905 年曾出版晚刊《旗帜晚报》(The Evening Standard),1905 年起将晚刊更名为《旗帜晚报和时代新闻》(Evening Standard and Times Gazette)。——81、91。

98　《巴黎报》(Journal de Paris)是法国的一家周报,1867 年起在巴黎出版,拥护保皇党奥尔良派。——82。

99　英美战争期间,英军占领华盛顿后,于 1814 年 8 月纵火焚毁了国会大厦、白宫和首都的其他公共建筑。

英国和法国对中国进行殖民战争期间,英法联军于 1860 年 10 月劫掠并焚毁了北京的圆明园——中国建筑和艺术的精华。——83。

100　1812 年,拿破仑以 50 万大军进攻俄国。9 月 7 日在莫斯科附近的博罗季诺会战中,俄军被迫放弃并焚毁莫斯科,并切断了拿破仑军队的后路,使之陷于饥寒交迫被围困的绝境而不得不引军后退。俄军乘机反攻,拿破仑军队溃败,仅 2 万余人得以逃生。——84。

101　汪达尔是古代日耳曼的一个部落,曾多次与罗马作战,公元 455 年占领罗马,破坏了无数文物。汪达尔行为指破坏文物的行为。——84。

102　在古罗马,帝王或将相私人的、享有特权的近卫军被称为御用军。罗马帝国时期,御用军经常参与内讧,并扶助主子登上王位。后来,"御用军"一词就成为横行霸道的雇佣兵和军阀的同义语。——85。

103　马克思把普鲁士于 1849 年 1—2 月根据普鲁士国王在 1848 年 12 月 5 日反革命政变日钦赐的宪法所选举的议会称做普鲁士的"无双议院",因为它同 1815—1816 年法国的"无双议院"(见注 50)极为相似。根据这部宪法,该议会由享有特权的第一议院即"贵族院"和第二议院组成,只有所谓"独立的普鲁士人"才能参加第二议院的两级选举,这就保证了容克官僚集团和右翼资产阶级分子在第二议院中的优势。1849 年选入第二议院的俾斯麦是该院及右派容克集团的首领之一。——86。

104　圣灵降临节在复活节后的第七个星期日,约在春末夏初,是基督教重大节日之一。这里是指 5 月 28 日,即公社的最后一日。——87。

105　《每日新闻》(The Daily News)是英国自由派的报纸,曼彻斯特学派的机关报,工业资产阶级的喉舌;1846 年 1 月 21 日由威·黑尔斯在伦敦创刊,1909 年起同时在伦敦和曼彻斯特出版,1930 年停刊;第一任编辑为查·狄更斯,继任的编辑有约·福斯特、哈·马蒂诺(1852—1866)、亨·约·林肯、总编辑约·鲁宾逊(1868—1901)、编辑阿·加德纳(1902—1919)等;报纸支持自由派的观点,1861 年美国内战爆发后,它是英国报纸中唯一支持北方的报纸;19 世纪 70—80 年代马克思和恩格斯曾为报纸撰稿。——90。

106　《时报》(Le Temps)是法国的一家保守派日报,法国大资产阶级的刊物;1861—1894 年在巴黎出版;该报反对第二帝国,反对同普鲁士作战;在第二帝国覆灭后支持国防政府。——90。

107　这封信是马克思和恩格斯起草的国际总委员会就 1871 年 6 月 6 日茹·
法夫尔的通告发表的声明。这一声明曾收入《法兰西内战》英文第二、
三版以及 1871、1876、1891 年的德文版,也曾单独发表在英、法、德等国
许多家报纸上(见《马克思恩格斯全集》中文第 1 版第 17 卷第 392—
394 页)。——91。

108　《旁观者》(The Spectator)是英国的一家自由派周报,1828 年起在伦敦
出版,后来成为保守派的刊物。——93。

109　由于传闻色当战败,巴黎发生革命,帝国于 1870 年 9 月 4 日崩溃,法国
许多城市爆发了工人的革命武装起义。其中里昂、马赛、图卢兹等城市
成立了人民政权机关——公社。各地方公社,特别是里昂公社,尽管存
在的时间很短,都采取了一系列重要的革命措施,如取消警察官僚机
构、释放政治犯、实行非宗教的教育、对大资产者征税、无偿发还小当铺
中的典当物品等等。国防政府残酷地镇压了这些地方公社。——
94、125。

110　1870 年 10 月 31 日的革命事件(见注 60)表明国防政府地位不稳。为
了显示自己仍然得到居民的支持,从而巩固自己的地位,国防政府于
1870 年 11 月 3 日在巴黎举行了信任投票。虽然很大一部分居民投票
反对政府的政策,但是,由于政府利用实际存在的戒严状态对居民施加
压力,进行蛊惑性宣传,使自己仍然获得了多数票。——94。

111　七月王朝指法国 1830 年七月革命(见注 120)至 1848 年二月革命(见注
43)期间国王路易-菲力浦执政时期,即金融贵族和大资产阶级统治时
期。——98、127。

112　引自国民自卫军中央委员会 3 月 22 日告巴黎市民书,这一号召书曾以
布告的形式发表,并载于 1871 年 3 月 25 日巴黎出版的《号召报》第 650
号以及 1871 年 3 月 25 日《法兰西共和国公报》第 84 号。——103。

113　1789 年 6 月 20 日,第三等级的议员齐集于凡尔赛的网球场。由于当时
第三等级会议自行宣布成立国民议会,遭到路易十六政府的反对,因
此,第三等级的议员们举行宣誓,表示不制成宪法决不解散。网球场的

宣誓成了 18 世纪末预示法国革命即将爆发的事件之一。——113。

114 这个支部指巴黎实证主义无产者协会。协会的纲领带有奥·孔德的资产阶级哲学的倾向。1870 年初，总委员会考虑到该协会的工人成分，吸收它为国际的一个支部，但是对协会的纲领作了尖锐的批判（见马克思1870 年 3 月 19 日给恩格斯的信）。——114。

115 法伦斯泰尔是法国空想社会主义者沙·傅立叶的理想社会主义社会中生产消费协作社的成员们居住和工作的场所。——116。

116 伊加利亚是法国空想共产主义的代表埃·卡贝在他的社会哲学小说《伊加利亚旅行记》中描述的幻想中的共产主义国家。卡贝空想共产主义的信奉者被称做伊加利亚派。——116。

117 巴黎公社时期，反动的《巴黎报》（见注 98）刊登了一篇报道造谣说，国际的巴黎支部依照反德同盟的意旨，开除了国际中的全体德国人（参看《马克思恩格斯全集》中文第 1 版第 17 卷第 312—313 页）。

　　反德同盟是 1871 年 3 月法国资产阶级报刊宣传的一个处在酝酿中的政治团体，该团体鼓吹为法国在普法战争中的失败报仇雪耻，挑拨德法两国工人之间的关系。——118。

118 指《市镇通报》（Moniteur des communes）。该报是巴黎公社时期法国政府在凡尔赛以梯也尔政府《公报》（见注 31）的晚版附刊形式出版的报纸。——120。

119 《真理报》（La Vérité）是法国的资产阶级共和派日报，1870 年 10 月—1871 年 9 月 3 日在巴黎出版，起初支持巴黎公社，后来反对公社的社会措施。——124。

120 七月革命指 1830 年 7 月爆发的法国资产阶级革命。1814 年拿破仑第一帝国垮台后，代表大土地贵族利益的波旁王朝复辟，竭力恢复封建专制统治，压制资本主义的发展，限制言论自由和新闻出版自由，加剧了资产阶级同贵族地主的矛盾，激起了人民的反抗。1830 年 7 月 27—29日巴黎爆发革命，推翻了波旁王朝。金融资产阶级攫取了革命果实，建立了以奥尔良公爵路易-菲力浦为首的代表金融贵族和大资产阶级利益的"七月王朝"(见注111)。——128。

121　指1848年在加利福尼亚和1851年在澳大利亚发现了丰富的金矿,这些
发现对欧美各国的经济发展产生了重大影响。——129。

人 名 索 引

A

阿弗尔,德尼·奥古斯特(Affre,Denis-Auguste 1793—1848)——法国神父,巴黎大主教(1840—1848),巴黎1848年六月起义时被政府军士兵枪杀,当时他正企图劝说起义的工人放下武器。——85。

阿普尔加思,罗伯特(Applegarth,Robert 1834—1924)——英国工联主义运动改良派领袖,职业是红木工;粗细木工工联总书记(1862—1871),工联伦敦理事会理事(1863年起);1865年起为国际会员,国际总委员会委员(1868—1872);巴塞尔代表大会(1869)代表,改革同盟和工人代表同盟的领导人之一;1871年拒绝在总委员会的宣言《法兰西内战》上签名;后脱离工人运动。——22、33。

埃德,埃米尔·德西雷·弗朗索瓦(Eudes,Émil-Désiré–François 1843—1888)——法国商业部门的雇员,布朗基主义者,国际巴黎支部成员,巴黎公社委员,公社慈善委员会委员,国民自卫军将军,公社被镇压后被缺席判处20年要塞监禁,1872年改判死刑;流亡瑞士,后迁往英国;伦敦布朗基派革命公社成员(1872),后退出国际;1880年大赦后回到法国。——10。

埃尔曼,阿尔弗勒德(Herman,Alfred 1843—1890)——比利时雕刻家,比利时工人运动活动家,国际比利时支部的组织者(1868)和列日支部领导成员(1871年以前),国际总委员会委员和比利时通讯书记(1871—1872),国际布鲁塞尔代表大会(1868)、伦敦代表会议(1871)和海牙代表大会(1872)代表;曾加入巴枯宁的无政府主义少数派(1872)并脱离国际的活动;1885年成为比利时工人党党员。——88。

埃尔韦,爱德华(Hervé,Édouard 1835—1899)——法国政论家,资产阶级自由主义者,《巴黎报》创办人之一和编辑,第二帝国崩溃后为奥尔良党人。——82。

埃卡留斯,约翰·格奥尔格(Eccarius,Johann Georg 1818—1889)——德国工人运动和国际工人运动的活动家,工人政论家,职业是裁缝;侨居伦敦,正义者同盟盟员,后为共产主义者同盟盟员,伦敦德意志工人共产主义教育协会的领导人之一,国际总委员会委员(1864—1872),总委员会总书记(1867—1871年5月),美国通讯书记(1870—1872),国际各次代表大会和代表会议的代表;1872年以前支持马克思,1872年海牙代表大会后成为英国工联的改良派领袖,后为工联主义运动的活动家。——23、34、89。

埃克朗男爵,若尔日·沙尔·当太斯(Heeckeren,Georges-Charles d'Anthès,baron de 1812—1895)——法国政治活动家,保皇派;1834—1837年为俄国军队的军官,在决斗中杀死亚·谢·普希金;1848年起为波拿巴主义者,第二帝国参议员,1871年三月二十二日反革命暴乱的策划者。——51。

埃斯帕特罗,巴尔多梅罗(Espartero,Baldomero 1793—1879)——西班牙将军和政治家;进步党领袖;政府首脑(1839—1841和1854—1856),西班牙摄政(1841—1843)。——41。

奥尔良王朝——法国王朝(1830—1848)。——69、76。

奥雷尔·德·帕拉丹,路易·让·巴蒂斯特·德(Aurelle de Paladines,Louis-Jean-Baptiste d' 1804—1877)——法国将军,教权主义者,克里木战争的参加者,1854—1855年任法军旅长,普法战争时期(1870—1871)任卢瓦尔军团司令;1871年3月任巴黎国民自卫军总司令;1871年国民议会议员。——47、49。

奥哲尔,乔治(Odger,George 1820—1877)——英国工联改良派领袖,职业是鞋匠,工联伦敦理事会创建人之一,1862—1872年为理事会书记,英国波兰独立全国同盟、土地和劳动同盟和工人代表同盟盟员,改革同盟执行委员会委员;1864年9月28日伦敦圣马丁堂会议的参加者,国际总委员会委员

（1864—1871）和主席（1864—1867），伦敦代表会议（1865）和日内瓦代表
大会（1866）的参加者，在争取英国选举改革的斗争期间与资产阶级有勾
结；1871年拒绝在总委员会的宣言《法兰西内战》上签名并退出总委员会。
——22、33。

B

巴特里（Buttery，G.H.）——国际总委员会委员（1871—1872）。——88。

贝累，沙尔·维克多（Beslay，Charles Victor 1795—1878）——法国工程师、文
学家和政治活动家，国际会员，蒲鲁东主义者，巴黎公社委员和公社财政委
员会委员，公社驻法兰西银行的代表；奉行拒绝银行国有化和不干涉银行
内务的政策，公社被镇压后流亡瑞士（1871年5月）。——43。

贝里公爵夫人，玛丽·卡罗琳·斐迪南达·路易莎（Berry，Marie-Caroline-Fer-
dinande-Louise，duchesse de 1798—1870）——法国正统派王位追求者尚博
尔伯爵的母亲；1832年企图在旺代发动暴乱推翻路易-菲力浦一世。——
40、121。

贝热瑞，茹尔·维克多（Bergeret，Jules-Victor 1830—1905）——法国书商，国
民自卫军中央委员会委员，将军，中央委员会派驻国民自卫军总参谋部的
代表，军事委员会委员，公社被镇压后流亡英国，后迁美国。——52。

俾斯麦公爵，奥托（Bismarck［Bismark］，Otto Fürst von 1815—1898）——普鲁
士和德国国务活动家和外交家，普鲁士容克的代表；曾任驻彼得堡大使
（1859—1862）和驻巴黎大使（1862）；普鲁士首相（1862—1872和1873—
1890），北德意志联邦首相（1867—1871）和德意志帝国首相（1871—
1890）；1870年发动普法战争，1871年支持法国资产阶级镇压巴黎公社；主
张以"自上而下"的方法实现德国的统一；曾采取一系列内政措施，以保证
容克和大资产阶级的联盟；1878年颁布反社会党人非常法。——4、7、19、
29、37、39、42、44、46、47、62、70、74、78、79、86—87、92、96、97、118、123。

波拉，乔万尼（Bora，Giovanni）——国际总委员会委员，1870年任意大利通讯
书记。——22、33。

勃朗,路易(Blanc,Louis 1811—1882)——法国新闻工作者和历史学家;小资产阶级社会主义者;1848 年临时政府成员和卢森堡宫委员会主席;采取同资产阶级妥协的立场;1848 年 8 月流亡英国,后为伦敦的法国布朗基派流亡者协会的领导人;1871 年国民议会议员,反对巴黎公社。——113、121。

布恩,马丁·詹姆斯(Boon,Martin James)——英国工人运动活动家,职业是机械师;宪章主义者詹·奥勃莱恩的社会改良主义观点的拥护者,国际总委员会委员(1869—1872),土地和劳动同盟书记,不列颠联合会委员会委员(1872)。——22、33、88。

布拉德尼克,弗雷德里克(Bradnick,Frederick)——英国工人,国际总委员会委员(1870—1872),伦敦代表会议(1871)代表;海牙代表大会(1872)以后加入不列颠联合会委员会中的改良派,1873 年 5 月 30 日总委员会通过决议将他开除出国际。——22、33、88。

布朗基,路易·奥古斯特(Blanqui,Louis-Auguste 1805—1881)——法国革命家,空想共产主义者,主张通过密谋性组织用暴力夺取政权和建立革命专政;许多秘密社团和密谋活动的组织者,1830 年七月革命和 1848 年二月革命的参加者,秘密的四季社的领导人,1839 年五月十二日起义的组织者,同年被判处死刑,后改为无期徒刑;1848—1849 年革命时期是法国无产阶级运动的领袖;巴黎 1870 年十月三十一日起义的领导人,巴黎公社时期被反动派囚禁在凡尔赛,曾缺席当选为公社委员;一生中有 36 年在狱中度过。——11—14、46、50、85、94。

布吕内尔,保尔·安东·马格卢瓦尔(Brunel,Paul-Antoine-Magloire 生于 1830年)——法国军官,布朗基主义者,1870 年十月三十一日起义的参加者,国民自卫军中央委员会和巴黎公社委员;在 1871 年五月巴黎保卫战中受重伤,后逃往英国;1871 年在巴黎被缺席判处死刑,1872 年改判五年监禁,1880 年大赦后回到法国。——91。

D

达尔布瓦,若尔日(Darboy,Georges 1813—1871)——法国神学家,1863 年起为巴黎大主教,1871 年 5 月作为人质被公社枪毙。——10、72、85。

达摩克利斯——古希腊传说中叙拉古暴君迪奥尼修斯(公元前 4 世纪)的宠臣。他常说帝王多福,于是迪奥尼修斯请他赴宴,让他坐在自己的宝座上,并用一根马鬃将一把利剑悬挂在他的头上,让他知道帝王的忧患。后来用"达摩克利斯剑"比喻随时都可能出现的灾难。——4。

德拉埃,皮埃尔·路易(Delahaye, Pierre-Louis 生于 1820 年)——法国机械工人,1864 年起为国际会员,巴黎公社委员,公社被镇压后流亡英国;国际总委员会委员(1871—1872),伦敦代表会议(1871)代表。——88。

德马雷(Desmaret)——法国宪兵军官,杀害古·弗路朗斯的凶手。——53。

东布罗夫斯基,雅罗斯拉夫(Dąbrowski〔Dombrowski〕, Jaroslaw 1836—1871)——波兰革命民主主义者,19 世纪 60 年代波兰民族解放运动的参加者,1862 年被捕,被判处 15 年苦役,放逐西伯利亚,1865 年逃往法国;1871 年成为巴黎公社的将军,同年 5 月初起为巴黎公社武装力量的总司令,在街垒战中牺牲。——68。

杜埃,费利克斯(Douay〔Douai〕, Félix 1816—1879)——法国将军,普法战争时期(1870—1871)任第七军军长,在色当被俘;后任凡尔赛军队第四军军长,镇压巴黎公社的主要责任者;1879 年任法国军队总督察。——80。

杜邦,欧仁(Dupont, Eugène 1831—1881)——法国工人,国际工人运动活动家,1848 年巴黎六月起义的参加者,1862 年起住在伦敦,1870 年起住在曼彻斯特,国际总委员会委员(1864—1872),法国通讯书记(1865—1871),伦敦代表会议(1865)和日内瓦代表大会(1866)的参加者,洛桑代表大会(1867)主席,布鲁塞尔代表大会(1868)、伦敦代表会议(1871)和海牙代表大会(1872)的代表;《法兰西信使报》撰稿人,伦敦法国人支部成员(1868年以前),曼彻斯特法国人支部创建人之一(1870),国际不列颠联合会委员会委员(1872—1873),1874 年迁居美国;马克思和恩格斯的战友。——22、33、89。

杜弗尔,茹尔·阿尔芒·斯塔尼斯拉斯(Dufaure, Jules-Armand-Stanislas 1798—1881)——法国律师和政治活动家,奥尔良党人,曾任社会公共工程大臣(1839—1840),第二共和国时期是制宪议会和立法议会议员(1848—

1851），卡芬雅克政府的内务部长（1848 年 10—12 月）和波拿巴政府的内务部长（1849 年 6—10 月）；第三共和国时期任司法部长，内阁总理。——46、52、75—77、113。

杜瓦尔，埃米尔·维克多（Duval, Émile-Victor 1841—1871）——法国工人运动活动家，职业是铸工；布朗基主义者；国际会员，国民自卫军中央委员会委员，将军，巴黎公社委员，公社执行委员会委员，军事委员会委员；1871 年 4 月 4 日被凡尔赛分子枪杀。——53。

F

法夫尔，克劳德·加布里埃尔·茹尔（Favre, Claude-Gabriel-Jules 1809—1880）——法国律师和政治活动家，温和的资产阶级共和派领袖之一；第二共和国时期先后任内务部秘书长、外交部副部长、制宪议会和立法议会议员（1848—1851），60 年代为立法团议员，国防政府和梯也尔政府的外交部长（1870—1871），曾到法兰克福参加同德国关于巴黎投降及签订和约的谈判（1871）。——18、36—38、43、46、50、70、78、79、91—93、95、97。

斐迪南多二世，斐迪南二世（Ferdinando II, Ferdinand II, 绰号炮弹国王 King Bomba 1810—1859）——双西西里王国国王（1830—1859）。——40、41。

费里，茹尔·弗朗索瓦·卡米耶（Ferry, Jules-François-Camille 1832—1893）——法国律师、政论家和政治活动家，温和的资产阶级共和派领袖之一，国防政府成员，巴黎市长（1870—1871），1871 年国民议会议员，内阁总理（1880—1881、1883—1885）；奉行积极的殖民主义政策。——39、94。

弗兰克尔，莱奥（Frankel, Leo 1844—1896）——匈牙利工人运动和国际工人运动的活动家，职业是首饰匠；60 年代去伦敦，后迁居法国；1867 年在里昂成为国际会员，住在巴黎；巴黎德国人支部创建人之一（1870），巴黎联合会委员会成员和书记；巴黎公社委员，公社劳动、商业和财政委员会委员，后流亡伦敦；伦敦社会研究小组成员；1872 年在巴黎被缺席判处死刑；国际总委员会委员（1871—1872），奥地利—匈牙利通讯书记；国际伦敦代表会议（1871）和海牙代表大会（1872）代表，1876 年返回匈牙利，匈牙利全国工人党的创始人之一（1880），1889 年国际社会主义工人代表大会副主席；马克思和恩格斯的战友。——68、118。

弗里德里希二世,弗里德里希大帝(Friedrich II, Friedrich der Große 1712—1786)——普鲁士国王(1740—1786)。——93。

弗路朗斯,古斯塔夫·保尔(Flourens, Gustave-Paul 1838—1871)——法国革命家和自然科学家,布朗基主义者,曾因遭到迫害而离开法国,1868 年回国后,为《马赛曲报》撰稿人;1870 年被流放,同年 3 月逃往伦敦,9 月重回法国,1870 年 10 月 31 日和 1871 年 1 月 22 日巴黎起义的领导者之一;巴黎公社委员,公社军事委员会委员;1871 年 4 月 3 日被凡尔赛分子杀害。——46、50、54、94。

伏尔泰(Voltaire 原名弗朗索瓦·玛丽·阿鲁埃 François-Marie Arouet 1594—1778)——法国自然神论哲学家、历史学家和作家,18 世纪资产阶级启蒙运动的主要代表人物,反对专制制度和天主教。——54、65。

符卢勃列夫斯基,瓦列里(Wróblewski, Walery 1836—1908)——波兰革命民主主义者,1863—1864 年波兰民族解放起义领导人,起义失败后流亡法国,1870 年是国民自卫军成员,巴黎公社的将军,公社失败后流亡伦敦,被缺席判处死刑;国际总委员会委员和波兰通讯书记(1871—1872),海牙代表大会(1872)代表,积极参加反对巴枯宁派的斗争,1880 年大赦后回到法国。——68。

福格特,卡尔(Vogt, Karl 1817—1895)——德国自然科学家,庸俗唯物主义者,小资产阶级民主主义者;1848—1849 年是法兰克福国民议会议员,属于左派;1849 年 6 月为帝国五摄政之一;1849 年逃往瑞士,50—60 年代是路易·波拿巴雇用的密探。——33。

福斯泰夫(Falstaff)——莎士比亚的剧作《温莎的风流娘儿们》、《亨利四世》中的人物,爱吹牛的懦夫,诙谐者,酒徒。——38。

G

甘必大,莱昂(Gambetta, Léon 1838—1882)——法国政治活动家,温和的资产阶级共和派,国防政府的成员(1870—1871),该政府中图尔代表团团长;各省武装反抗普鲁士的组织者,1871年创办《法兰西共和国报》;曾任内阁总理兼外交部长(1881—1882)。——37、94、125。

哥尔查科夫公爵,亚历山大·米哈伊洛维奇(Горчаков, Александр Михайлович, князь 1798—1883)——俄国国务活动家和外交家,曾任驻维也纳大使(1854—1856),外交大臣(1856—1882),总理大臣(1867—1882)。——29。

古赞-蒙多邦,沙尔·吉约姆·玛丽·阿波利内尔·安东,八里桥伯爵(Cousin-Montauban, Charles-Guillaume-Marie-Apollinaire-Antoine, comte de Palikao 1796—1878)——法国将军,波拿巴主义者;第二次鸦片战争时期任英法侵华远征军指挥官(1860),因在北京和通州之间的八里桥战胜清兵,由拿破仑第三授予八里桥伯爵封号;1870年8—9月为陆军大臣和政府首脑。——46。

H

哈里斯,乔治(Harris, George)——英国工人运动活动家,前宪章主义者,詹·奥勃莱恩的社会改良主义观点的信徒,全国改革同盟成员,国际总委员会委员(1869—1872),总委员会财务书记(1870—1871)。——22、33、89。

海格立斯(Herakles)——古希腊神话中的一个最为大家喜爱的英雄,以非凡的力气和勇武的功绩著称,他的十二件功绩之一是驯服并抢走地狱之犬塞卜洛士。——32。

赫加特(Hecate)——古希腊神话中的月神,三首三身,管辖妖魔鬼怪和阴间的亡魂,是万恶和妖术的保护神。——83。

赫胥黎,托马斯·亨利(Huxley, Thomas Henry 1825—1895)——英国自然科学家,生物学家;达尔文的朋友和信徒及其学说的普及者,在哲学方面是不彻底的唯物主义者。——65、104。

黑尔斯,威廉(Hales, William)——国际总委员会委员(1867和1869—1872)。——22、33、88。

黑尔斯,约翰(Hales, John 生于1839年)——英国工人,工联主义运动活动家,改革同盟执行委员会委员及土地和劳动同盟、工人代表同盟的成员,国际总委员会委员(1866—1872)和书记(1871—1872);国际伦敦代表会议(1871)和海牙代表大会(1872)的代表;曾参加巴枯宁的少数派,国际不列颠联合会委员会委员(1871年11月);从1872年初起领导不列颠联合会委员会中的改良派和分裂派;该派伦敦代表大会(1873)的组织者;1873年5月30日总委员会通过决议把他开除出国际。——22、33、89、93。

霍亨索伦王朝——勃兰登堡选帝侯世家(1415—1701),普鲁士王朝(1701—1918)和德意志皇朝(1871—1918)。——19、29、69。

J

基佐,弗朗索瓦·皮埃尔·吉约姆(Guizot, François-Pierre-Guillaume 1787—1874)——法国政治家和历史学家,奥尔良党人;1812年起任巴黎大学历史系教授,七月王朝时期是立宪君主派领袖,历任内务大臣(1832—1836)、教育大臣(1836—1837)、外交大臣(1840—1848)和首相(1847—1848);代表大金融资产阶级的利益。——41。

吉奥,阿尔丰斯·西蒙(Guiod, Alphonse-Simon 生于1805年)——法国将军,普法战争(1870—1871)的参加者,1870—1871年巴黎被围时期为炮兵司令。——37。

加利费,弗洛伦斯·乔治娜(Galliffet, Florence Georgina)——加·亚·奥·加利费的妻子。——53、90。

加利费侯爵,加斯东·亚历山大·奥古斯特(Galliffet, Gaston-Alexandre-Auguste, marquis de 1830—1909)——法国将军;普法战争时期(1870—1871)任骑兵团团长,在色当被俘,后被放回参加反对巴黎公社的战争,曾任凡尔赛军队的骑兵旅旅长;70年代起担任许多显要的军事职务。——53、55、90。

加内斯科,格雷戈里(Ganesco, Gregory 1830前后—1877)——法国新闻工作者,原系罗马尼亚人,第二帝国时期是波拿巴主义者,后为梯也尔政府的拥护者,《星期日邮报》的编辑(1860—1861)。——68。

K

卡贝,埃蒂耶纳(Cabet,Étienne 人称卡贝老爹 Père Cabet 1788—1856)——法
国法学家和政论家,法国工人共产主义一个流派的创始人,和平空想共产
主义的代表人物,《人民报》的出版者(1833—1834);流亡英国(1834—
1839);《1841年人民报》的出版者(1841—1851);曾尝试在美洲建立共产
主义移民区(1848—1856),以实现其在1848年出版的小说《伊加利亚旅行
记》中阐述的理论。——92。

卡芬雅克,路易·欧仁(Cavaignac,Louis-Eugène1802—1857)——法国将军和
政治家,温和的资产阶级共和党人;30—40年代曾参加侵占阿尔及利亚,
1848年任阿尔及利亚总督;第二共和国时期是陆军部长(1848年5—6
月),镇压巴黎六月起义;曾任政府首脑(1848年6—12月);立法议会议员
(1849—1851);1851年十二月二日政变后因反对拿破仑第三的政府而被
捕。——85。

卡龙,沙尔·亚历山大·德(Calonne,Charles-Alexandre de 1734—1802)——
法国国务活动家,财政总监(1783—1787),18世纪末法国资产阶级革命时
期是反革命流亡分子的领袖。——73。

卡洛斯,唐·(Carlos,Don)——一个在许多文学作品中被理想化了的人物,是
西班牙国王菲力浦二世的儿子(1545—1568),由于反对自己的父亲而遭迫
害,死于狱中。——42。

凯希尔,爱德华(Caihill,Edward)——国际总委员会委员(1870—1871)。
——33、88。

科恩,詹姆斯(Cohn[Cohen],James)——英国工人运动活动家,雪茄烟工人,
伦敦雪茄烟工人协会主席,国际总委员会委员(1867—1871),丹麦通讯书
记(1870—1871),国际布鲁塞尔代表大会(1868)和伦敦代表会议(1871)
的代表;工人代表同盟执行委员会成员(1870)。——23、34、89。

科尔邦,克劳德·昂蒂姆(Corbon,Claude-Anthime 1808—1891)——法国政治
活动家,共和党人,第二共和国时期任制宪议会副议长(1848—1849);第二

帝国崩溃后任巴黎市第十五区区长,1871 年国民议会议员,属于左派少数派。——36。

科尔布,卡尔(Kolb,Karl)——国际总委员会委员(1870—1871)。——88。

科特洛贡伯爵,路易·沙尔·艾曼纽埃尔(Coêtlogon,Louis-Charles-Emmanuel,comte de 1814—1886)——法国官员,波拿巴主义者,1871 年 3 月 22 日巴黎反革命暴乱的策划者之一。——51。

克莱尔蒙-托内尔伯爵,斯塔尼斯拉斯·玛丽·阿黛拉伊德(Clermont-Tonnere,Stanislas Marie Adélaïde,comte de 1757—1792)——法国政治活动家,初为自由派,后为保皇派。——51。

孔德,奥古斯特(Comte,Auguste 1798—1857)——法国哲学家和社会学家,实证论的创始人。——114、122。

L

拉法格,保尔(Lafargue,Paul 笔名保尔·洛朗 Paul Laurent 1842—1911)——法国医生和政论家,法国工人运动和国际工人运动的活动家,大学生运动的参加者,1865 年流亡英国,国际总委员会委员,西班牙通讯书记(1866—1869),曾参加建立国际在法国的支部(1869—1870)及在西班牙和葡萄牙的支部(1871—1872);巴黎公社的支持者(1871),公社失败后逃往西班牙;《解放报》编辑部成员,新马德里联合会的创建人之一(1872),海牙代表大会(1872)代表,法国工人党创始人之一(1879);1882 年回到法国,《社会主义者报》编辑;1889 年国际社会主义工人代表大会的组织者之一和代表,1891 年国际社会主义工人代表大会代表;法国众议院议员(1891—1893);马克思和恩格斯的学生和战友,马克思女儿劳拉的丈夫。——71。

拉菲特,雅克(Laffitte,Jacques 1767—1844)——法国银行家和政治活动家,奥尔良党人,金融资产阶级的代表,政府首脑(1830—1831)。——40。

勒夫洛,阿道夫·艾曼纽埃尔·沙尔(Le Flô [Leflô],Adolphe-Emmanuel-Charles 1804—1887)——法国将军、政治家和外交家,保皇党人;秩序党代表人物,第二共和国时期是制宪议会和立法议会议员(1848—1851);1851

年十二月二日政变后流亡英国,1859 年回到法国;曾任国防政府和梯也尔政府的陆军部长(1870—1871),1871 年国民议会议员;曾任驻彼得堡大使(1848—1849 和 1871—1879)。——51、55。

勒格廖利耶(Legreulier)——国际总委员会委员(1870)。——22。

勒孔特,克劳德·马丁(Lecomte, Claude-Martin 1817—1871)——法国将军,普法战争时期(1870—1871)任旅长,1871 年 3 月 18 日在梯也尔政府夺取国民自卫军大炮的企图失败后,被起义的士兵枪毙。——49、51、55、76、78、79。

雷特兰热尔(Reitlinger)——茹·法夫尔的朋友和私人秘书。——92。

列斯纳,弗里德里希(Leßner [Lessner], Friedrich 1825—1910)——德国工人运动和国际工人运动的活动家,职业是裁缝;共产主义者同盟盟员,1848—1849 年革命的参加者,1850 年为威斯巴登工人教育协会会员;1850—1851 年为美因茨工人教育协会主席和同盟美因茨支部领导人;在科隆共产党人案件(1852)中被判处三年徒刑,1856 年起侨居伦敦,伦敦德意志工人共产主义教育协会会员,国际总委员会委员(1864—1872),国际伦敦代表会议(1865)、洛桑代表大会(1867)、布鲁塞尔代表大会(1868)、巴塞尔代表大会(1869)、伦敦代表会议(1871)和海牙代表大会(1872)的参加者,不列颠联合会委员会委员;在国际中为马克思的路线积极斗争,后为英国独立工党的创始人之一;马克思和恩格斯的朋友和战友。——22、33、88。

林特恩(Lintern, W.)——英国工联主义者,国际总委员会委员(1870)。——22。

鲁克拉夫特,本杰明(Lucraft, Benjamin 1809—1897)——英国工联改良派领袖之一,职业是木器匠,1864 年 9 月 28 日伦敦圣马丁堂会议的参加者,国际总委员会委员(1864—1871),国际布鲁塞尔代表大会(1868)和巴塞尔代表大会(1869)代表,改革同盟执行委员会委员,1871 年拒绝在总委员会的宣言《法兰西内战》上签名并退出总委员会。——23、33。

路易十六(Louis XVI 1754—1793)——法国国王(1774—1792),18 世纪末法国资产阶级革命时期被处死。——10。

路易十八(Louis XVIII 1755—1824)——法国国王(1814—1815 和 1815—1824)。——121。

路易-菲力浦一世(路易-菲力浦),奥尔良公爵(Louis-Philippe I[Louis-Philippe],duc d'Orléans 1773—1850)——法国国王(1830—1848)。——5、6、39、41—43、50、62、76。

吕尔(Rühl,J.)——德国工人,伦敦德意志工人共产主义教育协会会员,国际总委员会委员(1870—1872)。——22、33、89。

罗比耐,让·弗朗索瓦·欧仁(Robinet,Jean-François-Eugène1825—1899)——法国医生和历史学家,实证论者,共和党人;1848—1849 年革命的参加者,1870—1871 年围城时期为巴黎的区长,巴黎权利共和联合同盟盟员,主张凡尔赛同公社和解。——88。

罗赫纳,格奥尔格(Lochner,Georg 1824—1910)——德国工人运动和国际工人运动的活动家,职业是细木工;共产主义者同盟盟员;1848—1849 年革命的参加者,1851 年底流亡伦敦;伦敦德意志工人共产主义教育协会会员;国际总委员会委员(1864—1867 和 1871—1872),国际伦敦代表会议(1865 和 1871)代表;马克思和恩格斯的朋友和战友。——88。

罗奇,约翰(Roach,John)——英国工人运动活动家,国际总委员会委员(1871—1872),海牙代表大会(1872)代表,不列颠联合会委员会通讯书记(1872),曾领导联合会委员会中的改良派,1873 年 5 月 30 日总委员会通过决议把他开除出国际。——89。

罗沙,沙尔·米歇尔(Rochat,Charles-Michel 生于 1844 年)——法国商业部门的雇员,国际巴黎联合会委员会委员,巴黎公社参加者,公社执行委员会书记,公社失败后逃往伦敦;国际总委员会委员和荷兰通讯书记(1871—1872),伦敦代表会议(1871)代表;1872 年移居比利时;1873 年在巴黎被缺席判处服苦役。——89。

洛帕廷,格尔曼·亚历山大罗维奇(Лопатин,Герман Александрович 1845—1918)——俄国革命家,尼·加·车尔尼雪夫斯基的学生,民粹派,国际总委员会委员(1870);马克思《资本论》第一卷俄译者之一;马克思和恩格斯的朋友。——33。

M

马尔科夫斯基（Марковский）——俄国沙皇政府派往法国的密探，1871 年梯也尔的合作者。——68。

马尔儒纳尔，路易·沙尔（Maljournal, Louis Charles 1841—1894）——法国书籍装订工，巴黎公社的参加者，国民自卫军中央委员会委员和书记，国际会员，曾经被监禁，1872 年被放逐，1879 年获释。——52。

麦格拉（Megaera）——古希腊神话中复仇三女神之一，愤怒和忌妒的化身，转义为爱吵架的泼妇。——83。

麦克马洪伯爵，玛丽·埃德姆·帕特里斯·莫里斯，马真塔公爵（Mac-Mahon, Marie-Edme-Patrice-Maurice, comte de, duc de Magenta 1808—1893）——法国将军和政治活动家，1859 年起为元帅，波拿巴主义者；克里木战争、意大利战争的参加者，普法战争时期任第一军军长，后任夏龙军团司令，阿尔及利亚总督（1864—1870），凡尔赛军队总司令（1871），第三共和国总统（1873—1879）。——80、85—86。

麦克唐奈，约瑟夫·帕特里克（McDonnell［MacDonnell］, Joseph Patrick 1847—1906）——爱尔兰工人运动活动家，国际总委员会委员和爱尔兰通讯书记（1871—1872），国际伦敦代表会议（1871）和海牙代表大会（1872）代表；不列颠联合会委员会委员（1872），1872 年侨居美国，积极参加美国工人运动。——88。

孟德斯鸠，沙尔（Montesquieu, Charles 1689—1755）——法国哲学家、社会学家、经济学家，18 世纪资产阶级启蒙运动的主要代表，立宪君主制的理论家；货币数量论的拥护者；早期资产阶级天赋人权理论的创始人之一。——62。

弥尔顿，约翰（Milton, John 1608—1674）——英国诗人和政论家，17 世纪英国资产阶级革命的参加者。——104。

米尔纳，乔治（Milner, George）——英国工人运动活动家，爱尔兰人，职业是裁缝;詹·奥勃莱恩的社会改良主义观点的信徒,全国改革同盟、土地和劳动同盟成员,国际总委员会委员(1868—1872),伦敦代表会议(1871)代表,1872年秋起为不列颠联合会委员会委员和通讯书记,反对脱离派。——22、33、88。

米尔斯,查理(Mills, Charles)——英国工程师,国际总委员会委员(1871)。——89。

米拉波伯爵,奥诺雷·加布里埃尔·维克多·里凯蒂(Mirabeau, Honoré-Gabriel-Victor Riqueti, comte de 1749—1791)——法国政论家,18世纪末法国资产阶级革命的活动家,大资产阶级和资产阶级化贵族利益的代表。——41。

米里哀尔,让·巴蒂斯特·爱德华(Millière, Jean-Baptiste Édouard 1817—1871)——法国新闻工作者、法学家,职业是制桶工人,左派蒲鲁东主义者,1870年十月三十一日示威游行的参加者,1871年国民议会议员;曾批评梯也尔政府和指责茹·法夫尔,为巴黎公社辩护,1871年5月26日被凡尔赛分子枪杀。——38、93。

密勒,约瑟夫(约)(Miller, Joseph[Joe]1684—1738)——英国喜剧演员。——38。

莫里斯,捷维(Maurice, Zévy)——匈牙利裁缝和店主,流亡伦敦;国际总委员会委员(1866—1872),匈牙利通讯书记(1870—1871)。——22、33、89。

莫特斯赫德,托马斯(Mottershead[Mothershead], Thomas 1826前后—1884)——英国织布工人,土地和劳动同盟成员,工人代表同盟书记,国际总委员会委员(1869—1872),丹麦通讯书记(1871—1872),伦敦代表会议(1871)和海牙代表大会(1872)代表;海牙代表大会以后领导不列颠联合会委员会中的改良派,站在脱离派一边;1873年5月30日总委员会通过决议把他开除出国际。——22、33、89。

默里,查理(Murray, Charles)——英国工联领导人,职业是鞋匠;国际总委员会委员(1870—1872)和不列颠联合会委员会委员(1872—1873);诺曼底支部的代表,不列颠联合会委员会曼彻斯特第二次年度代表大会代表

（1872），80年代是社会民主联盟的成员；马克思和恩格斯的拥护者。——22、33、89。

N

拿破仑第一（拿破仑·波拿巴）（Napoléon I［Napoléon Bonaparte］1769—1821）——法国皇帝（1804—1814和1815）。——9、14、21、29、42、98、99、108。

拿破仑第三（路易-拿破仑·波拿巴）（Napoléon III［Louis-Napoléon Bonaparte］1808—1873）——法兰西第二共和国总统（1848—1851），法国皇帝（1852—1870），拿破仑第一的侄子。——3、6、17—21、24—26、29—31、32、35、37、38、42、44、47—50、54、58、62、66、67—69、71、76—80、95—96、104、108、113、121、123、125。

O

欧斯曼，若尔日·欧仁（Haussmann，Georges-Eugène 1809—1891）——法国政治活动家，波拿巴主义者，1851年十二月二日政变的参加者，塞纳省省长（1853—1870），曾领导改建巴黎的工作。——69、84。

P

帕涅尔，詹姆斯（Parnell，James）——英国工人，国际总委员会委员（1869—1870）。——22、33。

佩恩，昂利·德（Pène，Henri de 1830—1888）——法国新闻工作者，保皇派，《巴黎报》的创办人和主编（1868—1888）；1871年3月22日巴黎反革命暴乱的策划者之一。——51。

皮埃特里，约瑟夫·玛丽（Piétri，Joseph-Marie 1820—1902）——法国政治活动家，波拿巴主义者；曾任巴黎警察局长（1866—1870）。——19、74。

皮卡尔，路易·约瑟夫·厄内斯特（Picard，Louis-Joseph-Ernest 1821—1877）——法国律师和政治活动家，温和的资产阶级共和党人，国防政府财政部长（1870—1871），梯也尔政府内务部长（1871）。——38—39、46、

53、87。

皮卡尔,欧仁·阿尔图尔(Picard, Eugène-Arthur 生于 1825 年)——法国政治活动家和证券交易商,温和的资产阶级共和党人,《自由选民》周报的主编,路·皮卡尔的弟弟。——39。

皮克,茹尔(Pic, Jules)——法国新闻工作者,波拿巴主义者,《旗帜报》编辑。——38。

蒲鲁东,皮埃尔·约瑟夫(Proudhon, Pierre-Joseph 1809—1865)——法国政论家、经济学家和社会学家,小资产阶级思想家,无政府主义理论的创始人,第二共和国时期是制宪议会议员(1848)。——12—13。

普芬德,卡尔(Pfänder, Carl 1819—1876)——德国微型画画家,德国工人运动和国际工人运动的活动家,1845 年起侨居伦敦,正义者同盟盟员,伦敦德意志工人共产主义教育协会会员;1849 年巴登-普法尔茨起义的参加者,起义失败后流亡英国;共产主义者同盟中央委员会委员,1850 年共产主义者同盟分裂后支持马克思和恩格斯;国际总委员会委员(1864—1867 和 1870—1872);马克思和恩格斯的朋友和战友。——22、33、89。

普里尔,让·巴蒂斯特·斯塔尼斯拉斯·克萨维埃(Pourille, Jean-Baptiste Stanislas Xavier 教名布朗舍 Blanchet 生于 1833 年)——法国新闻工作者,原为教士,后为古董和丝绸商人,曾任里昂法院的翻译(1864—1867),警察;国民自卫军中央委员会委员,巴黎公社司法委员会委员;帝国警察的身份被揭露后,被开除出公社,1871 年 5 月 25 日被捕,后逃往日内瓦;1872 年被缺席判处死刑。——70。

普耶-凯尔蒂埃,奥古斯坦·托马(Pouyer-Quertier, Augustin-Thomas 1820—1891)——法国棉纺厂主和政治活动家,保护关税派,财政部长(1871—1872),曾到法兰克福参加同德国关于巴黎投降及签订和约的谈判(1871)。——46、78。

Q

乔瓦基尼(Giovacchini, P.)——国际总委员会委员,意大利通讯书记(1871)。

——89。

R

荣克，海尔曼（Jung, Hermann 1830—1901）——瑞士工人运动和国际工人运
动的活动家，职业是钟表匠，德国1848—1849年革命的参加者，侨居伦敦；
国际总委员会委员和瑞士通讯书记（1864年11月—1872年），总委员会财
务委员（1871—1872），国际伦敦代表会议（1865）副主席、日内瓦代表大会
（1866）、布鲁塞尔代表大会（1868）和巴塞尔代表大会（1869）以及伦敦代
表会议（1871）主席，不列颠联合会委员会委员；海牙代表大会（1872）以前
在国际中执行马克思的路线，1872年秋加入不列颠联合会委员会里的改良
派，1877年以后脱离工人运动。——22、33、89。

若贝尔伯爵，伊波利特·弗朗索瓦（Jaubert, Hippolyte-François, comte 1798—
1874）——法国政治活动家，保皇派，梯也尔内阁的公共工程大臣（1840），
国民议会议员（1871—1872）。——87。

S

萨德勒（Sadler）——英国工人，国际总委员会委员（1871—1872）。——89。

赛拉叶，奥古斯特·丹尼尔（Serrailler, Auguste-Daniel 1840—约1874）——法
国工人运动和国际工人运动的活动家，职业是制楦工人，国际总委员会委
员（1869—1872），比利时通讯书记（1870）和法国通讯书记（1871—1872）；
1870年9月第二帝国崩溃后，曾作为总委员会全权代表被派往巴黎；巴黎
公社劳动和商业委员会委员；国际伦敦代表会议（1871）和海牙代表大会
（1872）代表；不列颠联合会委员会委员（1873—1874）和第二次年度代表
大会代表；马克思的战友。——22、33、89。

赛塞，让（Saisset, Jean 1810—1879）——法国海军上将和政治活动家，保皇
派，普法战争时期（1870—1871）领导巴黎东部堡垒群的防御阵地；巴黎国
民自卫军司令（1871年3月20—25日），曾妄图集结巴黎的反动力量镇压
三月十八日的无产阶级革命；1871年国民议会议员。——53、113。

莎士比亚，威廉（Shakespeare, William 1564—1616）——英国戏剧家和诗人。

——112。

尚加尔涅，尼古拉·安娜·泰奥杜尔（Changarnier, Nicolas-Anne-Théodule 1793—1877）——法国将军和政治活动家，保皇派；第二共和国时期是制宪议会和立法议会议员（1848—1849），曾参加镇压1848年巴黎六月起义；后为巴黎卫戍部队和国民自卫军司令，曾参加驱散巴黎1849年六月十三日示威游行，1851年十二月二日政变后被逮捕并被驱逐出法国，1859年回到法国；普法战争时期在莱茵军区司令部任职，1871年国民议会议员。——52。

舍耳歇，维克多（Schoelcher, Victor 1804—1893）——法国政治活动家和政论家，山岳党人，第二共和国时期是制宪议会和立法议会议员（1848—1849），1851年十二月二日政变后被驱逐出法国，在伦敦住到1870年；普法战争（1870—1871）和巴黎公社时期为巴黎国民自卫军炮兵军团指挥官，1871年国民议会议员；妄图劝说公社向梯也尔政府投降。——113。

舍弗尔（Scheffer）——法国国民自卫军士兵，巴黎公社参加者。——55。

施穆茨（Schmutz）——瑞士工人，海尔维第工人协会会员，国际总委员会委员（1870—1871）。——22、33。

斯特普尼，考埃尔·威廉·弗雷德里克（Stepney, Cowell William Frederick 1820—1872）——英国工人运动活动家，改革同盟盟员，国际总委员会委员（1866—1872）和财务委员（1868—1870），国际布鲁塞尔代表大会（1868）、巴塞尔代表大会（1869）和伦敦代表会议（1871）的代表，不列颠联合会委员会委员（1872）。——22、33、89。

斯托尔（Stoll）——国际总委员会委员（1870）。——22、33。

苏拉（鲁齐乌斯·科尔奈利乌斯·苏拉）（Lucius Cornelius Sulla 公元前138—78）——罗马统帅和国务活动家，曾为执政官（公元前88）和独裁者（公元前82—79）。——44、81。

苏桑，路易（Susane, Louis 1810—1876）——法国将军和军事著作家，曾任陆军部军械局局长，写有法军历史方面的著作。——37。

T

塔米西埃, 弗朗索瓦·洛朗·阿尔丰斯（Tamisier, François-Laurent-Alphonse 1809—1880）——法国将军和政治活动家, 共和党人, 军事发明家；第二共和国时期是制宪议会和立法议会议员（1848—1851）；巴黎国民自卫军司令（1870 年 9—11 月）, 1871 年国民议会议员。——50、94。

塔西佗（普卜利乌斯·科尔奈利乌斯·塔西佗）（Publius Cornelius Tacitus 约55—120）——古罗马历史学家,《日耳曼尼亚志》、《历史》、《编年史》的作者。——82。

塔伊费（Taillefer）——法国一家保险公司的职员；1868 年因伪造文件和舞弊而被捕；《旗帜报》社社长。——38。

泰勒, 阿尔弗勒德（Taylor, Alfred）——英国工人, 国际总委员会委员（1871—1872）和不列颠联合会委员会委员（1872—1873）。——89。

唐森, 威廉（Townshend, William）——英国工人, 国际总委员会委员（1869—1872）, 80 年代社会主义运动的参加者。——22、34、89。

特罗胥, 路易·茹尔（Trochu, Louis-Jules 1815—1896）——法国将军和政治活动家, 奥尔良党人, 曾参加侵占阿尔及利亚的战争（30—40 年代）、克里木战争（1853—1856）和意大利战争（1859）, 国防政府的首脑, 巴黎武装力量总司令（1870 年 9 月—1871 年 1 月）, 1871 年国民议会议员。——35—37、44、48—50、84、94—96、105。

梯也尔, 阿道夫（Thiers, Adolphe 1797—1877）——法国国务活动家和历史学家, 奥尔良党人, 曾先后任内务大臣、贸易和公共事务大臣（1832—1836）、首相（1836 和 1840）；第二共和国时期是制宪议会和立法议会议员（1848）；第三共和国政府首脑（内阁总理）（1871）、总统（1871—1873）；镇压巴黎公社的刽子手。——8、10—11、18、35—36、39—49、51、52—55、58—59、66、68—69、71—85、87、95、107、113、120—121。

梯也尔, 爱利莎（Thiers, Elise 1818—1880）——阿·梯也尔的妻子。——53。

帖木儿(跛帖木儿)(Tīmūr-i-lang[Tæmerlane]1336—1405)——中亚细亚的统帅和征服者,帖木儿王朝(1370—1507)的创立者。——54。

托伦,昂利·路易(Tolain, Henri-Louis 1828—1897)——法国雕刻工,右派蒲鲁东主义者,1864年9月28日伦敦圣马丁堂会议的参加者,国际巴黎支部领导人之一,国际伦敦代表会议(1865)、日内瓦代表大会(1866)、洛桑代表大会(1867)、布鲁塞尔代表大会(1868)和巴塞尔代表大会(1869)的代表;1871年国民议会议员;在巴黎公社时期投向凡尔赛分子,1871年被开除出国际;第三共和国时期为参议员。——55。

托马,克莱芒(Thomas, Clément 1809—1871)——法国政治活动家,将军,温和的资产阶级共和党人,《国民报》发行人,1848年革命时期为《国民报》的临时编辑;第二共和国时期是制宪议会议员,镇压1848年巴黎六月起义的参加者,巴黎国民自卫军司令(1870年11月—1871年2月);1871年3月18日被起义士兵枪毙。——49—51、55、76、78、79、94—95。

W

瓦朗坦,路易·厄内斯特(Valentin, Louis-Ernest)——法国将军,波拿巴主义者;1871年3月18日以前是巴黎警察局长。——47、74。

瓦扬,爱德华·玛丽(Vaillant, Édouard-Marie 1840—1915)——法国自然科学家、工程师和医师,布朗基主义者,国际会员,洛桑代表大会(1867)代表,巴黎公社执行委员会委员,教育委员会委员;1871年在巴黎被判处死刑,后逃往伦敦,国际总委员会委员(1871—1872),国际伦敦代表会议(1871)和海牙代表大会(1872)的参加者;由于代表大会决定将总委员会迁往纽约而退出国际;1880年大赦后回到法国;布朗基派革命中央委员会创建人之一(1881),1884年起是巴黎市参议院议员,1889年和1891年国际社会主义工人代表大会代表;法国社会党(工人国际法国支部)(1901)创建人之一,第一次世界大战期间采取社会沙文主义立场。——9、12。

威廉一世(胜者威廉)(Wilhelm I[William the Victorious]1797—1888)——普鲁士亲王,摄政王(1858—1861),普鲁士国王(1861—1888),德国皇帝(1871—1888)。——25、79。

韦斯顿,约翰(Weston,John)——英国工人运动活动家,职业是木匠,后为厂主;欧文主义者,1864 年 9 月 28 日伦敦圣马丁堂会议的参加者,国际总委员会委员(1864—1872),1865 年伦敦代表会议代表,改革同盟执行委员会委员,土地和劳动同盟的领导人,不列颠联合会委员会委员(1872)。——23、34、89。

维努瓦,约瑟夫(Vinoy,Joseph 1800—1880)——法国将军,波拿巴主义者,1851 年十二月二日政变的参加者;在 1859 年奥意法战争中任师长,普法战争时期任第十三军军长,后任巴黎第二军团第一军军长和巴黎第三军团司令,1871 年 1 月 22 日起先后任巴黎武装力量总司令和凡尔赛分子预备军司令。——46、47、49、51。

X

西蒙,茹尔(Simon,Jules 原名茹尔·弗朗索瓦·西蒙·叙斯 Jules-François-Simon Suisse 1814—1896)——法国国务活动家和唯心主义哲学家,温和的资产阶级共和党人;第二共和国时期是制宪议会议员(1848—1849),国防政府和梯也尔政府的国民教育部长(1870—1873),1871 年国民议会议员,反对巴黎公社;内阁总理(1876—1877)。——46。

夏洛克(Shylock)——莎士比亚的剧作《威尼斯商人》中的人物;残酷的高利贷者,他根据借约要求从无法如期还债的债户身上割下一磅肉。——45。

谢波德,约瑟夫(Shepherd,Joseph)——国际总委员会委员(1869—1870)。——22、33。

Y

雅克美,亚历山大(Jacquemet,Alexandre)——法国神父,1848 年为巴黎大主教的代理。——85。

亚历山大二世(Александр II 1818—1881)——俄国皇帝(1855—1881)。——29。

亚历山德拉(Alexandra 1844—1925)——丹麦国王克里斯蒂安九世之女,1863 年嫁给威尔士亲王,亲王于 1901 年起为英国国王,称爱德华七世;克拉伦斯公爵的母亲。——51。

约伯(Job)——圣经中的人物,作为身受莫大困苦仍对上帝恭顺驯服,因之得到上帝赐福的典型。——43。

约书亚(Joshua,嫩的儿子约书亚)——圣经中的英雄,相传他吩咐自己的战士随着吹羊角的声音大声呼喊,从而使耶利哥城墙塌陷。——52。

Z

扎比茨基,安东尼(Zabicki,Antoni 1810 前后—1889)——波兰排字工人,民族解放运动活动家,1831 年从波兰流亡国外,匈牙利 1848—1849 年革命的参加者,1851 年起侨居英国,伦敦民主派兄弟协会领导人,1863 年起出版波兰民主主义流亡者的机关报《自由之声》,波兰全国委员会书记,国际总委员会委员和波兰通讯书记(1866—1871)。——22、34、89。

责任编辑：毕于慧

装帧设计：汪　莹

版式设计：周方亚

责任校对：马　婕

图书在版编目（CIP）数据

法兰西内战/马克思著;中共中央马克思恩格斯列宁斯大林著作编译局编译. —北京：
　人民出版社,2016.12(2023.4重印)
（马列主义经典作家文库）
ISBN 978－7－01－016659－9

Ⅰ.①法…　Ⅱ.①马…　②中…　Ⅲ.①马列著作-马克思主义　Ⅳ.①A123

中国版本图书馆 CIP 数据核字(2016)第 210263 号

书　　名　**法兰西内战**
　　　　　FALANXI NEIZHAN

编 译 者　中共中央马克思恩格斯列宁斯大林著作编译局

出版发行　**人民出版社**
　　　　　（北京市东城区隆福寺街 99 号　邮编 100706）

邮购电话　（010）65250042　65289539

经　　销　新华书店

印　　刷　北京新华印刷有限公司

版　　次　2016 年 12 月第 1 版　2023 年 4 月北京第 4 次印刷

开　　本　635 毫米×927 毫米 1/16

印　　张　12.5

插　　页　4

字　　数　155 千字

印　　数　20,001－25,000 册

书　　号　ISBN 978－7－01－016659－9

定　　价　30.00 元